**상대의 심리를
읽는   기술**

SHIGUSA FURUMAI DE WAKARU AITE NO SHINRI

by Shozo Shibuya
Copyright © 1999 by Shozo Shibuya
All rights reserved.

Original Japanese edition published By Jitsugyo Publishing Co., Ltd.
Korean translation rights arranged with Shozo Shibuya & Kazuhiro Kamiya through Japan Foreign Rights Center.

이 책의 한국어판 저작권은 일본 저작권 수출센터를 통한 시부야 쇼조와의 독점 계약으로 도서출판 아라크네에 있습니다.
한국 내에서 보호를 받는 저작물이므로 무단전재와 무단복제를 금합니다.

What are you thinking?

시부야 쇼조 지음 · 은영미 옮김

표정과 행동으로 상대의 진심을 훔쳐보는 유쾌한 심리 읽기

상대의 심리를 읽는 기술 ●제3판●

아라크네

| 저자의 말 |

상대의 심리를 읽는 능력은
자신의 무기

사람의 얼굴에는 감정이 나타난다. 두렵거나 놀라운 일을 대하면 안색이 파랗게 변하거나 하얗게 질린다. 얼굴이 빨개지는 것은 수줍음과 수치심을 표현한다. 안색이 여러 차례 변하는 경우는 분노를 나타낼 때이다. 이것은 상대가 굳이 입으로 말하지 않아도 얼굴을 통해 그 사람의 성격과 숨겨진 심리를 파악할 수 있다는 것을 의미한다.

얼굴을 통해서만 상대의 심리를 읽을 수 있는 것은 아니다. 사람은 시선, 손과 다리 동작, 신체 방향, 그리고 목소리 등으로 무의식 중에 자신의 마음과 감정을 표현한다.

이런 표정과 행동을 비언어 커뮤니케이션이라고 한다. 은밀한 사랑의 감정도 비언어 커뮤니케이션을 통해 상대방에게 전달된다. 비언어 커뮤니케이션은 말로 표현하기 힘든 미묘한 감정을 전달할 수 있는가 하면, 말의 의미를 확실히 규정짓거나 반대로 부드럽게 만드는 작용도 한다.

이 책은 표정과 행동으로 상대방의 성격을 이해하고, 숨겨진 내면 심리를 읽을 수 있도록 하기 위해 쓰여졌다. 심리학적인 지식을 정확하고 알기 쉽게, 그리고 재미있게 소개하고자 했다. 다채롭고 풍부한 지식은 복잡하고 다양한 인간관계에서 자신의 무기나 방어 도구 역할을 할 것이라 확신하기 때문이다.

'기선 제압'이라는 말이 있다. 협상을 유리하게 진행시키거나 인간관계를 원활하게 하기 위해 필요한 것이다. 상대방의 마음을 정확하게 읽고 기선을 제압하기 위해, 또는 자신의 마음을 오해 없이 전달하기 위해 이 책은 유용하게 쓰일 것이다. 이 책을 통해 알게 된 표정과 동작에 관한 심리학적 지식이 당신의 인간관계를 한층 더 풍요롭게 만들어 주리라 믿는다.

_ 시부야 쇼조

저자의 말 : 상대의 심리를 읽는 능력은 자신의 무기 _ 4

1장 재미있게 알아보는 성격의 모든 것

사람의 성격은 배우의 가면 _ 15
성격은 변하나, 변하지 않나 _ 19
살찐 사람이 도량이 넓다고? _ 22
외향적인 사람이 우울해지기 쉽다? _ 24

▶▶▶ 재미있는 심리 이야기 1
쾌락살인자의 심리는 어떤 것일까 _ 27

성격의 특징을 판별하는 12가지 질문 _ 28
'타입 A'의 성격이라면 건강에 주의하라 _ 32
나이로 사람의 마음을 판단한다고? _ 35
주위에 좌우되는 사람 VS 주위를 주도하는 사람 _ 38

▶▶▶ 재미있는 심리 이야기 2
갑자기 자제력을 잃는 망상성 인격 장애 _ 41

'끼리끼리'와 '미녀와 야수', 어느 쪽이 더 좋은 궁합일까? _ 42
마음 주기와 마음 받아들이기의 규칙 _ 46

▶▶▶ 재미있는 심리 이야기 3
상대를 속이는 것은 간단한 일 _ 50

여성의 감이 빠른 데는 이유가 있다 _ 51
싫은 표정이 무조건 거절의 사인은 아니다 _ 54

Contents

다리 동작과 자세는 거짓말을 못 한다 _ 58

▶▶▶ 재미있는 심리 이야기 4
당신 주변에 존재하는 사이코패스 _ 63

2장 표정에서 알아채는 상대의 심리

남자들이 바람피우다 아내에게 들키는 이유 _ 67
얼굴 표정을 너무 믿지 마라 _ 70
표정을 읽기 어려우면 왼쪽 얼굴을 주목하라 _ 73
얼굴색의 변화는 무엇을 나타낼까? _ 76

▶▶▶ 재미있는 심리 이야기 5
이상 심리의 세계, 사디즘과 마조히즘 _ 78

웃음으로 분석하는 사람의 성격 _ 80
억지웃음과 진정한 웃음을 구별하는 법 _ 83
흡연이나 껌 씹기가 심리 안정에 효과가 있을까? _ 85
혀 내밀기의 여러 가지 사인 _ 87

▶▶▶ 재미있는 심리 이야기 6
이상 성격자의 10가지 타입 _ 89

3장 눈으로 파악하는 상대의 심리

눈은 입만큼 많은 말을 한다 _ 93
시선으로 아는 좋음과 싫음의 메시지 _ 95

대화 도중 상대의 눈을 뚫어지게 바라보는 이유는? _ 97
시선을 맞추고 대화하는 것은 사기꾼의 수단 _ 100

▶▶▶ 재미있는 심리 이야기 7
화장실의 제일 안쪽 변기가 인기 폭발인 이유 _ 102

응시는 때로 위협이 된다 _ 103
시선을 맞추는 방법으로 성격 파악하기 _ 105
여자를 외면하는 남자는 여자를 싫어해? _ 107
눈 마주치기가 두려운 이유 _ 109
여성의 눈길을 관심으로 착각하지 마라 _ 112
선글라스를 애용하는 남자의 심리 _ 114
'눈 깜박거림'에 감춰진 여러 가지 의미 _ 117
눈동자의 방향으로 상대의 머릿속을 읽는다 _ 120

4장 몸동작이 말해 주는 상대의 심리

대화 도중 듣는 사람이 상체를 앞으로 내미는 이유 _ 125
고개를 끄덕임은 상대방에게 보내는 조용한 자기 발언 _ 128
긍정적인 끄덕임도 세 번 계속되면 거부가 된다 _ 131
'말하기 싫어요'를 의미하는 자세와 동작 _ 133
120cm는 인간관계의 바로미터 거리 _ 136

▶▶▶ 재미있는 심리 이야기 8
현실 사회의 신데렐라와 피터팬 _ 140

퍼스널 스페이스, 더 이상 오지 매 _ 142
자세를 보면 토론의 형세가 보인다 _ 144

Contents

담배 피우는 방식으로 본 상대의 심리 _ 147
분석적인 사람은 이런 동작을 취한다 _ 149
사람들을 불러 모으는 데 필요한 바람잡이는 몇 명? _ 151
정면에 앉는 사람은 당신을 설득하려는 것이다 _ 154
머리카락을 자주 만지는 사람의 성격은? _ 158
적절한 인사법은 인간관계의 윤활유 _ 160

▶▶▶ 재미있는 심리 이야기 9
성인 아이가 자라는 '평범한 가정' _ 162

5장 손과 다리 동작이 가르쳐 주는 상대의 심리

말을 꺼내는 적절한 타이밍을 잡는 법 _ 167
팔짱을 끼는 이유는 무엇일까? _ 170
대화 도중에 끼는 팔짱은 거절의 사인? _ 172
자신의 얼굴이나 몸을 부드럽게 만지는 몸짓의 의미 _ 174
이런 손동작이 거짓말을 읽는 단서가 된다 _ 177

▶▶▶ 재미있는 심리 이야기 10
남편 재택 스트레스 증후군을 앓고 있는 아내들 _ 179

턱을 괴고 있는 여성을 보면 말을 걸어 보자 _ 180
다리를 벌리고 앉는 것은 당신을 받아들이고 있다는 증거 _ 181
지하철에서 다리를 벌리고 앉는 남자의 심리는? _ 184

6장 복장과 소지품으로 파악하는 상대의 심리

화려한 패션으로 치장하는 사람의 성격은? _ 189
명품을 선호하는 심리 _ 192
양복이나 제복을 좋아하는 사람은 자신을 숨기는 사람 _ 194
화장하면 적극적으로 변하는 이유 _ 197
헤어스타일로 아는 성격 _ 200
가방으로 상대의 성격을 안다 _ 202
구두에 사회적 지위와 경제력이 노출된다 _ 206
빨간색을 좋아하는 사람은 더 적극적? _ 208
왜 미인은 착하게 보이는 걸까? _ 211

▶▶▶ 재미있는 심리 이야기 11
내 속에 타인이 있다 _ 213

7장 사소함 속에서 드러나는 상대의 심리

쉽게 이성을 잃는 사람과 냉철한 사람의 차이 _ 217
상사의 꾸중에 어떻게 대답하느냐로 성격을 안다 _ 222
어려움이 닥쳤을 때 적나라하게 밝혀지는 인간성 _ 225
잘난 척하는 사람의 심리 세계 _ 228
작은 실수 뒤에 무의식적 욕망이 숨어 있다 _ 230
실패했을 때 소란 피우는 사람, 대범하게 처리하는 사람 _ 233
무심코 하는 말 속에서 상대방의 콤플렉스 찾는 법 _ 235
'난 바보야'라며 자신을 비하하는 사람의 진심은? _ 239
시험 전날엔 왜 청소가 하고 싶을까? _ 241
술 마시며 한 약속은 술 마실 때 생각난다 _ 243
운전대를 잡으면 사람이 달라지는 이유 _ 245

Contents

잠자는 자세로 알아보는 상대의 심리 _ 247

▶▶▶ 재미있는 심리 이야기 12
집도 회사도 싫어요! _ 249

8장 일상생활 속에서 관찰하는 상대의 심리

수다쟁이의 두 얼굴 _ 253
말을 하다가 갑자기 입을 다무는 이유는? _ 255
깊은 인간관계란 즐거운 과거를 공유할 수 있는 관계 _ 257
아무리 시끄러워도 내가 필요한 말은 들린다 _ 260
매사에 신중한 사람이 설득에 넘어가기 쉽다? _ 263
왜 '한솥밥'을 먹으면 친밀감이 높아지는가 _ 267
조직의 분위기는 '핵심 인물'을 보면 알 수 있다 _ 270
자신의 단골 가게로 상대를 초대하는 심리는? _ 273
친밀도를 체크하는 몸동작 _ 275

제1장

재미있게 알아보는
성격의 모든 것

사람의 심리 상태와 성격을 알고자 할 때
이야기의 내용과 얼굴 표정만 신경 쓰다가는 판단 실수를 저지르기 쉽다.
그것들은 무시하고 차라리 손의 움직임과 다리 동작을 주목해서 보자.
전신을 관찰하는 것이 진심을 읽는 가장 좋은 방법이다.

01

사람의 성격은 배우의 가면

우리는 평소에 '성격'이라는 말을 자주 사용한다. 그렇다면 도대체 성격이란 무엇일까?

성격의 일반적인 설명은 '사고방식과 감정과 행동에 따라서 특징지을 수 있는, 그 사람 특유의 성질'이다. 그러나 심리학에서는 좀 더 명확한 정의를 내리고 있다.

'성격'을 영어로는 퍼스낼리티Personality라고 한다. 퍼스낼리티의 어원은 라틴어인 '페르소나Persona'이다. 페르소나란 연극에서 사용하는 가면을 의미했다. 그러던 중 가면을 쓰고 연기하는 배우를 가리키게 되고, 나아가 한 배우가 여러 역을 연기할 때 각각의 역에 따라 다른 특징을 페르소나라고 부르게 된 것이다.

배우는 이야기의 전개에 따라 가면을 바꿔 쓰고, 그 가면이 의미하는 역에 적합한 연기를 한다. 그리고 우리도 일상적으로 배우와 비슷한 일을 하고 있는 것이다.

필자를 예로 들면 대학에 있을 때는 교수의 가면, 집에 가면 아버지의 가면을 쓴다. 물론 남편의 가면도 있다. 좋아하는 여성과 얘기할 때는 '독신 남성'이라는 가면을 쓰기도 한다. 그리고 어떤 가면을 쓰느냐에 따라 가면과 적합한 행동을 하려고 노력한다. 교수의 얼굴을 할 때는 교수답게, 아버지의 얼굴을 할 때는 아버지답게 행동한다.

어떤 가면, 혹은 가면에 부합하는 연기야말로 성격의 실체이며, 이것이 심리학에서 내리는 성격의 정의이다.

가면에 따른 연기를 심리학에서는 '역할 행동'이라고 부른다. 그 자리에 적합한 역할 행동을 하지 않으면 인간관계에 부조화가 일어난다. 예컨대 직장에서 썼던 가면을 그대로 쓰고 가정으로 돌아갔을 경우를 생각해 보자. 부하 직원들에게 명령만 내리던 그 태도를 갖고 가정으로 돌아간다면 자식과 아내에게 미움을 사게 된다. 이래서 자신의 자리에 따라 가면을 적절하게 바꿀 줄 알아야 하는 것이다.

그렇지만 가면 바꾸기가 그렇게 쉽게 되는 건 아니다. 한 가면에 너무 적응이 되어 무의식적으로 다른 장소에까지 쓰고 가기 때문이다. 그 중 가장 많은 경우가, 사회적인 가면이 너무 강한 나머지 가정에서 아버지와 남편의 역할을 제대로 연기하지 못하는 예이다. 그런데 반대로 가정에서의 가면을 회사로 가져오는 예는 별로 없는 것 같다.

휴일에 회사 동료들과 야유회를 갈 때마저 평소의 출근 스타일에서 단지 넥타이만을 푼 모습으로 나타나는 사람이 있는데, 이런 사람은 회사 인간의 가면이 너무 뼛속 깊이 배어 있어 철가면처럼 얼굴

에 붙어 버린 것인지도 모른다.

또한 가면을 쓰고 있는 시간이 길면 길수록 교체하기가 힘들어지는 경우도 있다. 오랜 세월 동안 한 가지 직업에 종사하였다면, 그 가면에 맞는 행동과 분위기가 몸에 배어 버리는 것이다. 교사가 직업인 사람에게 주위에서 종종 이런 핀잔을 준다. "누가 교사 아니랄까 봐 가르치려 한다." 이런 경우처럼 오랜 시간 교직에 몸담아 온 사람은 놀러 가서도, 사적인 자리에서도 무의식적으로 교사처럼 행동하게 된다.

성격에는 자기 자신에 대해서 '나는 이런 사람이다'라고 정의를 내리는 측면과, '남들은 나를 이런 사람이라고 생각한다'라고 인식하는 측면이 있다. 후자를 '대인 인지'라고 한다. 대인 인지가 강할수록 남들이 자신을 어떻게 볼까를 많이 의식한다. 그리고 의식할수록 그 사람의 행동 연기는 커져 버린다.

예로 들면 교사가 '선생님처럼 보인다'라고 의식할수록 교사답게 행동해야만 한다. 한 선생님이 술집에서 친구들과 모처럼 교사라는 가면을 벗어 놓고 즐기고 있다고 하자. 무신경한 동석자가 "어이, 선생!" 하며 그를 불렀고, 그 말을 들은 종업원이 "어머, 이분 선생님이세요?"라는 식으로 반응을 보인다. 순간 당사자가 교사처럼 경직된 태도를 취하게 되는 것은 대인 인지를 의식하고 있기 때문이다.

02

성격은 변하나, 변하지 않나

'성격 = 퍼스낼리티'라는 이론은 주로 미국 심리학계에서 발전한 것이다. 한편 유럽에서는 그것과는 별도로 '성격 = 캐릭터Character'라는 이론이 주류를 이루고 있다. 캐릭터란 원래 '새겨 넣는다, 조각해 넣는다'라는 의미의 그리스 어이다.

'성격 = 캐릭터'라고 주장하는 이들은, 성격이란 원래의 유전적인 소질에 환경과 경험, 학습 등의 영향을 받아 형성되는 것이라고 주장한다. 조각으로 비유하면 나무와 대리석 같은 소재들은 유전적인 소질에 해당하고, 그것을 어떻게 조각할지를 결정하는 것은 환경과 경험, 학습이라는 얘기가 된다. 다시 말해 성격의 근본을 결정하는 것은 유전이고, 어떻게 무슨 방법으로 새겨도 '돌은 돌, 나무는 나무'라는 기본 소재의 성격은 변함이 없다는 것이다. 어떤 경험을 하든 타고난 성격 자체는 바뀌지 않는다는 것을 의미한다.

그런데 '성격 = 퍼스낼리티'라고 주장하는 이들은 전혀 다른 입장을 취한다. 그들의 말에 따르면 성격은 사회생활 속에서 형성되는 것이기 때문에 나중에 얼마든지 바뀔 수 있으며 실제로 바뀌는 일도 있다는 것이다.

캐릭터는 천부적으로 갖춰진 것이지만, 퍼스낼리티는 원래 존재하지 않고 살아가면서 생성되는 것이다. 캐릭터는 타인의 유무에 관계없이 엄연히 존재하는 데 반해서, 퍼스낼리티는 타인의 눈이 있어야 하는 게 전제가 된다. 타인과 인간관계가 없으면 가면을 쓸 필요가 없기 때문이다.

자기 방에 혼자 있을 때, 캐릭터는 있겠지만 퍼스낼리티는 없어도 좋다. 아무리 파렴치한 일을 하든, 그 어떤 모습을 하든 간에 문제는 발생하지 않는다. 그러나 단 한 사람이라도 누군가가 그 방에 들어오면 그 순간부터 퍼스낼리티가 필요해진다.

그런데 '성격 = 퍼스낼리티'의 입장에서 보면, 성격이란 빨아먹으면 색이 변하는 알록달록한 사탕과 같은 것이다. 본질적인 맛은 변하지 않으면서 외부적으로 눈에 보이는 색은 변하기 때문이다. 이것을 심리학적으로 분석해 보자면 이런 것이다. 외부에서 보이는 성격은 그 자리의 분위기와 환경, 그 사람이 놓인 입장 등에 따라 변화하기 쉽지만 그 사람의 중심 성격은 대부분 변화하지 않는다는 것이다.

이것은 같은 각본의 같은 역할이라도 연기하는 배우에 따라 배역의 분위기가 달라지는 것과 같다. 최불암이 연기하는 아버지 역과 임현식이 연기하는 아버지 역은 분명히 다른 느낌으로 다가온다. 그 차이야말로 개성이며, 퍼스낼리티의 핵심이 되는 것이다.

사람의 성격은 가면을 어떻게 바꿔 쓰든 간에 저절로 배어 나온다. 학교에서 교사로 있을 때에도, 집에서 아버지와 남편으로 있을 때에도 그 사람만의 느낌이 풍기게 마련이다. 어쩌면 퍼스낼리티의 핵심에 캐릭터가 존재한다고 말할 수도 있을 것이다.

03

살찐 사람이 도량이 넓다고?

당신이 아는 사람들 중에 살찐 사람과 마른 사람의 모습을 한번 떠올려 보자. 대부분의 사람은 전자를 '대범하고 마음이 넓은 사람', 후자를 '신경질적이고 완고한 사람'이라고 생각하는 경향이 있다. 체형 그 자체에서 받는 인상에 일반적으로 믿고 있는 체형에 의한 성격 분류가 덧붙여져 그런 판단을 내리게 된 것이다.

체형과 성격을 관련지어 이론을 발표한 사람은 독일의 정신의학자 크레치머이다. 그는 정신병자와 체형의 관계를 통계적으로 조사했다. 그 결과를 토대로 비만형인 사람은 조울 기질, 마른 체형의 사람은 분열 기질, 투사형근육질의 체형인 사람은 간질 기질이 많다고 결론지었다.

★ **조울 기질의 특징**
붙임성이 좋고 동정심이 있으며 온화하다. 사고방식은 개성적이기보다 상식적이며, 감정적이 되는 일이 많고, 기분이 쉽게 바뀐다.

★ 분열 기질의 특징

비사교적이라 남과 잘 사귀지 못한다. 융통성이 없고 성실하며 독특한 사고방식을 갖고 있다. 이상주의적이고 사고방식과 언행에 극단적인 부분이 있다.

★ 간질 기질의 특징

점착 기질이라고도 불리며, 눈앞의 일에 사로잡히기 쉽고 항상 열중하는 경향이 있다. 무슨 일이든 완벽하지 않으면 성이 차지 않는다. 점잖지만 때로는 감정을 억제하지 못하고 분출시키기도 한다.

하지만 당신의 주위를 보면 체형에 따른 특징에서 벗어나는 사람이 상당히 많다는 것을 알 수 있을 것이다. 크레치머에 따르면 체형과 기질이 일치할 확률은 비만형과 조울 기질이 60%, 마른 체형과 분열 기질이 50%, 투사형과 간질 기질은 30% 정도다. 즉 체형과 성격이 일치하지 않는 사람도 많은 것이다.

'살찐 사람은 마음이 넓고 대범하다'는 생각에서 다가갔다가 뜻밖에 마음이 좁고 신경질적인 사람이라는 걸 깨달을 때가 있다. 그러나 비만형인 사람은 이런 이상한 '상식' 때문에 무조건적으로 마음이 넓어 보인다는 점에서 유리할 수 있다. 상대방이 호의적으로 대해 줄 가능성이 크기 때문이다.

04

외향적인 사람이 우울해지기 쉽다?

'외향적' '내향적'이라는 성격 분류도 일반적이다. '외향적인 사람은 적극적이다' '내향적인 사람은 온순하다'라는 말들을 많이 한다. 이 분류 방법도 잘못 사용되는 일이 많다.

'외향형' '내향형'이라는 분류 방법은 스위스의 정신분석학자 융이 제창한 이론에 근거한다.

융은 인간의 관심과 흥미가 향하는 방식에는 두 가지 타입이 있다고 생각했다. 한 가지는 관심과 흥미가 자신의 외부, 즉 주위 사람과 사물 등 객관적인 세계를 향해 있는 것으로, 이것을 '외향형'이라고 한다. 또 하나는 관심과 흥미가 자신의 내부, 즉 자신의 내면 등의 주관적인 세계를 향하는 것으로, 이것을 '내향형'이라고 한다.

이런 차이는 파티에서 사람들의 행동을 유심히 관찰해 보면 분명히 알 수 있다. 외향형인 사람은 자신의 외부에 관심이 있기 때문에 사람들에게 쉽게 다가가서 대화를 나눈다. 반면에 내향형인 사람은 주위에 흥미가 없기 때문에 혼자서 음식을 먹고 있거나 다른 사람들과 쉽게 섞이지 못한다. 타인과 대화하는 일도 별로 없는 것처럼 보인다. 이런 비교는 완전히 맞는 견해도, 완전히 틀린 견해도 아니다. 인간의 내면은 겉보기처럼 단순하지는 않다.

융은 외향형과 내향형의 성격을 다음과 같이 분석하였다.

★ 외향형의 사람

새로운 장소에서 처음 만나는 사람과도 금방 사귀고, 적응력이 강하다. 뭔가를 결정할 때에는 주위 사람의 의견을 잘 듣고, 거기에 좌우되기 쉽다. 적극적으로 보이며 자신감이 충만한 사람이지만, 반면에 트러블에 약하고 사소한 일로 타격을 받아 움츠러들기 쉽다.

외향적인 사람
- 새로운 장소, 처음 만나는 사람과 금세 친해진다
- 적극적이고 자신감이 강하다
- 반면에 트러블에 약하고 사소한 일로 풀이 죽는다
- 주위 사람들 의견에 좌우되기 쉽다
- 사고는 표면적이다

★ 내향형의 사람

자신을 외부에 어필하는 일이 적기 때문에 전체적으로 소극적인 사람으로 보인다. 특히 낯선 자리에서는 경직된 모습을 보이며, 분위기에 잘 섞이지 못한다. 그 때문에 자신감이 없는 것처럼 보일 수도 있다. 반면에 한번 마음먹으면 어려움이 닥쳐도 흔들리는 일이 없다. 또한 무엇이든 스스로 결정하는 경향이 강하다.

내향적인 사람
· 자신을 어필하지 못하기 때문에 소극적으로 보인다
· 새로운 장소에 잘 적응하지 못한다
· 반면에 한번 마음먹으면 흔들리지 않는다
· 무슨 일이든 스스로 결정한다

외향형, 내향형의 차이가 '밝다·어둡다' '마음이 강하다·약하다'라는 것과 관계가 없다는 사실을 잘 알았을 것이다. 외향적인 사람에게 의외로 무른 면이 있고, 내향적인 사람에게 상황에 따라서 흔들림 없는 강인함을 볼 수 있는 것이다.

'그녀는 내향적인 성격이라서 얌전하고 마음이 약하다'거나 '그는 외향적인 사람이라서 사소한 일로 기운을 잃지는 않는다'라는 판단은 실수일 수 있는 것이다.

재미있는 심리 이야기 1

쾌락살인자의 심리는 어떤 것일까

▶▶▶▶ 끔찍한 일이지만 사람을 죽이는 일 자체에 쾌감을 느끼는 살인자가 있다. 원한이나 분노 때문이 아니며, 복수나 돈이 목적인 것도 아니다. 단순히 자신의 욕망을 만족시키는 것, 그것만을 위해서 타인의 목숨을 빼앗는다. 이것을 쾌락살인이라 부르고, 그런 일을 저지르는 사람을 일컬어 '쾌락살인자'라고 한다. 살인으로 만족되는 쾌감이란 주로 성적인 것인데, 그렇다고 쾌락살인에 반드시 섹스가 뒤따르는 것은 아니다.

그렇다면 쾌락살인자는 어떤 인간인가. 다섯 명의 쾌락살인자를 감정하거나 혹은 감정을 도운 경험을 가진 정신의학자인 고다 히로시는 실제로 그들을 면접했을 때 느낀 공통점으로 '냉정함'과 '현실감 상실'이라는 두 가지를 들고 있다.

'냉정함'이란 인격적인 차가움을 말하는 것으로, '정서적 감성 결여'라고도 한다. 질병이나 상처 입은 사람을 위로하는 마음, 사람에 대한 감사의 마음, 아름다운 것에 감동하는 마음 등 이른바 감성이 결여되어 있음을 의미한다. 따라서 쾌락살인자는 자신이 살해한 사람에 대해 동정심을 보이지 않으며, 설사 보인다 하더라도 판에 박힌 형식에 지나지 않는다. 자신이 사람을 죽였다는 행동에 대해서도 남의 일처럼 담담한 어조로 말한다.

또 하나의 특징인 '현실감 상실'이란, 자신이 저지른 일인데도 마치 타인의 일 같은 느낌을 갖는 것을 말한다. 자신이 하고 있는 일에서 생생한 실감을 느끼지도 못하고, 그 일을 통해 전해지는 어떠한 반응도 느낄 수 없다. 자신이 하고 있는 일이 무엇인지 알고는 있지만 왠지 타인의 일처럼 여겨지는 것이다.

쾌락살인자의 내면 심리는 평범한 사람들이 이해할 수 있는 범위를 벗어난 것이다.

05

성격의 특징을 판별하는 12가지 질문

성격에 대해 좀 더 생각해 보기로 하자.

성격을 몇 가지 타입으로 분류하는 사고법을 '유형론'이라고 한다. 앞에서 말한 크레치머의 '조울 기질, 분열 기질, 간질 기질'과 융의 '내향형, 외향형'이 대표적인 사례다.

그런가 하면 성격에 관련한 몇 가지 요소성격 특성에 대해 그 정도를 조사한 뒤 성격을 특징짓는 이론이 있다. 이것을 '특성론'이라고 한다.

예를 들어 사교성에 대해서 말해 보자. 이 경우 '인간관계가 좋으냐, 나쁘냐' 하는 이분법으로 생각하는 것이 아니라, 사교성의 좋고 나쁨의 정도를 5가지 레벨로 나눠서 어떤 레벨에 속하는가를 알아보는 것을 의미한다. 여러 가지 항목을 조사해서 전체적으로 성격 특징을 파악하는 것이 특성론의 방식인 것이다.

특성론에는 많은 조사방법이 있는데 가장 유명한 것은 '야타베 · 길퍼드 성격 조사'이다. 12가지 항목으로 된 성격 특성에 대한 질문의 답을 5가지 레벨 중 어디에 해당하는지 기재하는 방법이다. 전문가들 사이에서도 환자의 성격을 상세하게 알고자 할 때 널리 사용하고 있을 만큼 신뢰성이 높다.

12개의 성격 특성은 다음과 같다.

- 억울함이 큰가, 작은가
- 기분의 변화가 큰가, 작은가
- 열등감이 큰가, 작은가
- 신경질적이지 않은가, 신경질적인가
- 객관적인가, 주관적인가
- 협조적인가, 비협조적인가
- 비공격적인가, 공격적인가
- 비활동적인가, 활동적인가
- 느긋하지 못한가, 느긋한가
- 내향적 성격인가, 외향적 성격인가
- 복종적인가, 리더십이 있는가
- 사회성이 내향적인가, 외향적인가

각 항목에 대한 성향이 얼마나 높고 낮은지에 따라 5단계로 평가한다. 각 항목의 평가를 이어 그래프로 만들면 성격의 특징이 분명해진다. 그래프의 형태로 좌하향 형태, 우하향 형태 등으로 유형화

할 수도 있다. 대략적으로 왼쪽 위의 영역은 정서적인 안정감이 있음을 의미하고, 오른쪽 아래의 영역은 활동성이 높음을 의미한다.

일반적으로 그래프가 왼쪽 위에서 오른쪽 아래로 향하고 있는 사람이 이상적인 성격이라 할 수 있다. 대부분의 사람이 자신의 이력서에 쓰는 '밝고 적극적이며 안정되어 있다'라는 성격과 맞아떨어지는 유형이다. 반대로 그래프가 이 패턴에서 벗어날수록 이상적인 성격에서 멀어지게 된다.

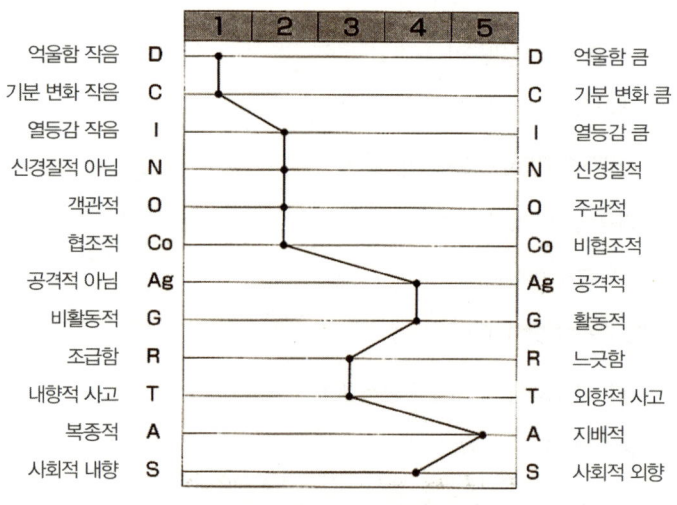

전형적인 하향우 형태의 사례
정서가 안정되어 있고, 활동적이며 사교적인 성격이다

따라서 위의 12가지 항목에 대해서 그래프 좌측에 해당하느냐, 아니면 우측에 해당하느냐를 보면 당신 자신은 물론이고 가까운 사람의 성격 경향을 대략적으로 파악할 수 있다. 좌측이 많은 사람은 온화하고 얌전한 성격이며, 우측이 많은 사람은 기분이 자주 바뀌고 활동적이라는 얘기가 된다.

전문적인 조사에서는 120개 항목의 질문에 대해서 '예' '아니오' '어느 쪽도 아니다'로 대답하게 하고, 그것을 처리해 위와 같은 성격 특성을 도출해 냈다.

06

'타입 A'의 성격이라면 건강에 주의하라

- 남을 보살피기를 좋아하고, 많은 역할을 떠맡는다
- 시간에 여유가 생기면 멍하니 지낼 수가 없다. 뭐라도 할 일을 찾아내야 직성이 풀린다
- 호기심이 왕성하고 무엇에든 관심을 보인다
- 말이 조급하고 빠르며 격한 말투를 쓴다
- 항상 바쁜 듯이 서두른다
- 시간과 스케줄을 늘 신경 쓴다

당신 주위에 이런 사람이 혹시 있는지 한번 되돌아보자.

위와 같은 성격을 '타입 A'라고 부른다. 이 성격의 사람들은 성공에 대한 지향이 강하고, 목표를 향해 노력을 아끼지 않는 타입이다.

이 타입 A와 어울리지 않는 것이 '타입 B'에 속하는 사람들이다. 타입 B는 '일도 생활도 대충 즐기는 사람'과 '흘러가는 대로 살고자 하는 사람' '느긋하고 천천히 즐기는 사람' 등이 해당된다.

이에 반해 타입 A의 사람은 무슨 일에나 허술함이 없다. 업무에 대해서는 한마디로 '일벌레'라고 할 수 있다. 취미도 마찬가지이다. 일단 시작하면 전문가를 목표로 삼는다. '남보다 빨리 능숙해져야지, 어서 기록을 깨야지' 하고 스스로를 채찍질하며 열심히 연습한다. 경마에서도 카드놀이에서도, 이왕 할 바에는 반드시 이겨야 하고 이기지 못하면 성에 안 찬다. 스포츠를 할 때도 오히려 몸이 망가질 정도로까지 열심이다. 무슨 일에서나 옆에서 보기에 피곤할 정도로 정력적인 사람이다.

이러한 사람들의 심층심리, 내면은 상상하기 어렵지 않다. 경쟁심이 강하고 때로 공격적이며 완벽주의자라서 타인의 실수를 허용하지 못한다. 자신감이 충만해 있고, 너무 과잉된 부분도 없지 않다. 주위를 보지 못하고 독단적으로 행동하는 일도 많다.

· 남을 보살피기를 좋아함
· 호기심 왕성
· 항상 바쁘다
· 빠른 말투
· 늘 시간에 신경을 쓴다

하지만 언제나 터프할 것 같은 그들에게도 의외의 약점이 있다. 그 약점은 일이 생각대로 진행되지 않을 때는 마음이 쉽게 약해지는 것이다. 타입 B의 사람이라면 '그럴 수도 있지' 하며 신경 쓰지 않는 사소한 일에도 너무 사로잡혀서 갑자기 의욕을 잃거나 무력감에 빠지게 되는 경우가 있다.

육체적으로 '타입 A는 심장병에 걸리기 쉽다'라는 데이터가 있다. 고혈압에도 걸리기 쉽다고 하는데, 매사에 완벽을 기하고자 자신에게 주는 스트레스가 몸으로 표출되는 것이다.

친한 사람 중에 타입 A인 사람이 있다면 미리 이 사실을 가르쳐 주어 나쁜 상황을 피하게 도와주는 게 진정한 우정이다. 자신의 타입을 제대로 인식할 수만 있다면, 비극적인 결말을 맞이하기 전에 라이프스타일을 바꿀 수 있는 여유를 얻기 때문이다.

07

나이로 사람의 마음을 판단한다고?

중장년 남성 55~84세의 5가지 성격 타입

1. 원숙형

과거의 자신을 후회하지 않고 받아들인다. 미래에 대해 밝은 전망을 갖고 있다.

2. 안락의자형

수동적이고 소극적인 태도로 현실을 받아들이고 있다. 은퇴했으니까 편안하게 살고 싶다고 생각한다.

3. 활동형

늙는 것에 대한 불안이 강해 젊을 때와 똑같이 활동하고 싶어 한다.

4. 분개형

자신의 과거와 노화를 받아들일 수가 없다. 그 때문에 주위를 비난하거나 공격하는 행동이 많아진다.

5. 자책형

자신의 인생은 실패했다고 생각하고 자신을 책망하거나 후회한다.

1. 원숙형
- 과거를 후회하지 않는다
- 미래에 대해 밝은 전망을 갖고 있다

2. 안락의자형
- 수동적이고 소극적
- 은퇴했으니까 편안하게 살고 싶다

3. 활동형
- 늙는 것에 대한 불만이 강하다
- 젊을 때와 똑같이 활동하고 싶다

4. 분개형
- 과거와 노화를 받아들일 수가 없다
- 주위를 비난, 공격

5. 자책형
자신의 인생이 실패했다고 생각해 스스로를 책망하거나 후회한다

1과 2 타입은 '나는 나이를 먹었고 젊을 때와는 다르다'는 현실을 받아들이고 있다. 안정되고 편안한 하루하루를 지낼 수 있다. 3의 타입은 젊을 때의 활동 수준을 유지하려 하며 저하시키지 않으려고 노력한다. 행동이 적극적이며 연령보다 젊어 보이는 사람이 많다. 1~3 타입의 사람들은 각각 생각은 다르지만, 자신의 나이에 적응하고 있는 걸로 해석된다.

그런데 4와 5 타입은 현실을 받아들이지도 적응하지도 못한다. 주위를 공격하느냐, 자신을 공격하느냐의 차이는 있어도 정신적으로는 고통받고 있는 것이다.

주변에서 똑같은 '아저씨' '할아버지'로 보여도 성격적으로 이렇게나 큰 차이가 있다. 나이가 들어가는 아저씨의 마음은 젊은 사람이 상상하는 것보다 훨씬 불안정하고 복잡하다. 연령만으로 사람의 마음을 속단하지 않는 자세가 현명하다.

08

주위에 좌우되는 사람
vs 주위를 주도하는 사람

일반적으로는 잘 알려져 있지 않지만 장독립적과 장의존적이라는 성격 분류법이 있다. 간단하게 말하면, 복잡한 상황 속에서도 자신이 목적하는 바를 발견해 내는 '장독립적'인 사람과, 반대로 상황에 끌려가느라 자신의 목적을 추진하지 못하는 '장의존적'인 사람이 있다는 것이다.

사물을 보는 견해로 말하면, 장독립적인 사람은 분석적이고 장의존적인 사람은 종합적이다. 각자 일장일단이 있어, 전자는 세밀한 부분을 놓치지 않지만 거기에 사로잡히기 쉬우며, 후자는 균형 있는 견해를 갖고 있지만 세밀한 부분을 놓치기 쉽다.

이것은 외부로부터 받아들이는 정보 처리 방법, 전문적으로 말하면 '인지 스타일'에 관계되는 분류이다. 성격과도 깊은 관계가 있다는 것은 이미 잘 알려져 있다.

장독립적인 사람은 자주적이며 권위에 좌우되는 일이 없고, 사고가 유연하고 융통성이 좋다. 사물을 객관적으로 바라볼 수 있고 암시에 걸리는 경우가 적다. 남들과도 적극적으로 사귀고자 하는 의욕이 넘친다.

그러나 장의존적인 사람은 권위주의적이고 견해가 경직되어 있으며 유연성이 부족하다. 암시에 걸리기 쉽고, 주관이 강하다는 게 특징이다. 대인관계에 대해서는 일반적으로 소극적이고 겁이 많다.

장독립적이냐 장의존적이냐는 전문적으로 '로드 프레임 테스트'를 거쳐 판정한다. 어두운 방 안에서 틀과 그 안에 놓인 막대 세트를 사용해 이뤄진다. 막대는 피실험자가 자유롭게 각도를 바꿀 수 있도록 되어 있다. 틀은 기울어져 있고, 그 안에 있는 막대를 피실험자가 얼마만큼 수직으로 정확하게 놓을 수 있는가를 보는 검사다.

어둡기 때문에 막대의 수직도는 자신의 감각에 의존해야 한다. 틀의 경사_{장소}에 사로잡히지 않고 자신의 감각에 의존하는 사람이라면 막대를 수직으로 놓을 수 있지만, 틀에 사로잡히는 사람은 수직으로 놓기가 어렵다. 때문에 막대를 수직으로 놓는 사람일수록 장독립적, 경사가 큰 사람일수록 장의존적으로 판단하는 것이다.

또 복잡한 도형 안에서 단순한 도형을 발견해 내는 속도로 판단하는 검사_{EFT 검사}도 있다. 장독립적인 사람이 빨리 발견하는 것에 비해, 장의존적인 사람은 주변의 선에 현혹되어 쉽게 발견할 수 없다.

평소 생활에서는 회의 자리에서의 언행으로 판단할 수 있다. 5명 정도가 회의를 하고 있을 때, 상사의 의견과 타인의 의견이 대립되는 상황이라고 가정해 보자. 그때 장의존적인 사람은 권위주의적인 경향이 있기 때문에 '상사가 저렇게 말하니 따라야 한다'고 생각하고, 상사의 의견에 찬성해 버린다. 하지만 장독립적인 사람이라면 상사의 의견보다는 자신의 의견을 발표할 것이다.

만약 당신이 회사나 다른 조직에서 지도적인 입장에 있는 사람이라면 평소에 부하 직원이 장의존적인가, 장독립적인가를 눈여겨봐라. 이것을 파악해 둔다면 적재적소의 인사 관리가 가능할 것이다.

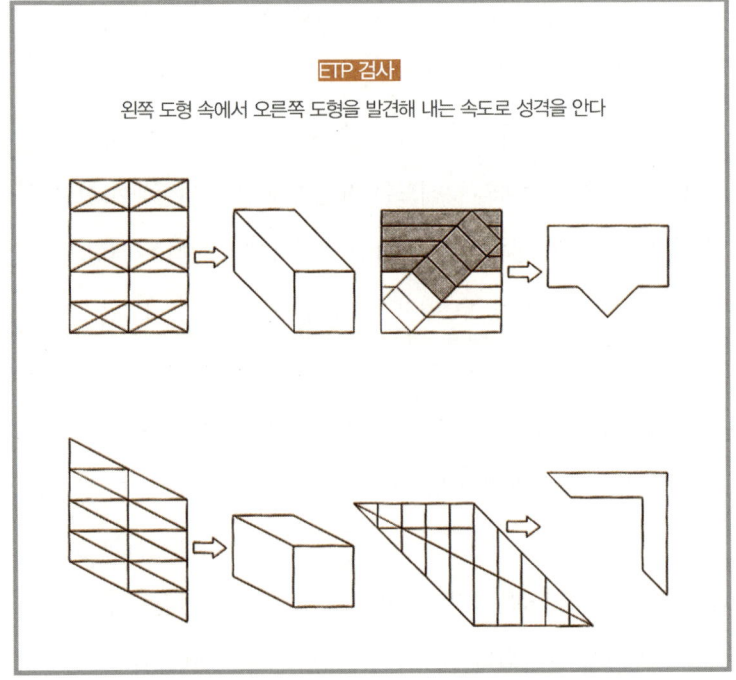

재미있는 심리 이야기 2

갑자기 자제력을 잃는 망상성 인격 장애

▶▶▶▶ 다른 사람들이 웃으며 얘기를 나누는 것을 보면 '혹시 내 흉을 보는 게 아닐까?' 이런 의심이 들고, 호의적인 미소인데도 '나를 비웃고 있다'로 받아들이는 사람이 있다. '사람들에게 이용당하는 게 싫다'는 마음이 너무 강한 나머지 근거 없이 남을 의심하는 이러한 심리는 누구에게나 다소간은 존재한다.

그러나 이런 생각에 극단적으로 사로잡히면 '망상성 인격 장애'라는 정신질환이 되는 것이다. 너무 강한 의심 때문에 망상을 일으켜서 갑자기 폭력을 휘두르거나 살인을 저지르는 일까지 발생할 수 있다.

망상이란 실제로는 일어날 수 없는 일을 자신의 내부에서 확신하고, 타인의 충고를 듣고 객관적인 사실을 안다 하더라도 고칠 수 없는 관념을 의미한다.

망상성 인격 장애의 경우, 특히 자신이 타인으로부터 부당한 취급을 받고 있다고 하는 '피해망상'을 일으키는 일이 많다. 주위에서 일어나는 모든 일들이 모두 자신을 망치기 위한 것이라고 불신하고 관계망상, 타인으로부터 항상 감시당하고 있다고 믿는 주찰망상 일도 있다.

망상성 인격 장애자는 다른 사람들과 깊이 있는 교제를 하지 못하고 감정이 결핍되어 있으며 때로는 냉담해지기도 한다. 무시당하는 일, 상처받는 일에 극단적으로 민감하고 일단 자신이 무시 또는 상처받았다고 생각하기 시작하면 ─ 사실과 관계없이 자신이 당했다라고 믿기 시작하면 ─ 언제까지고 원한을 품는 경향도 있다.

이 경우 본인은 그것을 망상이라고는 생각하지 않고 사실이라고 확신하기 때문에 예상 밖의 행동이나 말을 내뱉기도 한다. 아내에게 "당신이 외출을 자주 하는 이유는 바람을 피우기 때문이야." 이런 식으로 공격한다.

09

'끼리끼리'와 '미녀와 야수' 어느 쪽이 더 좋은 궁합일까?

사람 사이의 좋고 나쁨을 가장 단순하게 표현해 '궁합이 좋다, 나쁘다'로 말한다. 궁합은 타인과의 교제 방법, 어렵게 말하면 관계성의 기본에 해당한다. 코미디 TV 프로그램에서 '필링이 통한다'라는 표현이 종종 등장하는데, 이 말은 궁합을 나타내는 말이다.

궁합이 좋으면 큰 노력 없이도 좋은 관계를 유지할 수 있고 사이가 쉽게 가까워진다. 남녀가 서로를 사랑하게 되면 자신들의 궁합이 잘 맞는 것을 피부로 느낀다. 따라서 사이가 안 좋을 때는 '궁합이 나쁘니 어쩔 수 없지'라며 스스로를 납득시키기도 한다.

앞으로 친해지고 싶은 사람, 혹은 현재 당신과 어떤 관계를 갖고 있는 사람이 있다면 그 사람과의 궁합이 궁금할 것이다. 상대와 자신의 궁합을 알고 있다면 그 사람과 친해지지 못할 때, 막연히 '궁합이 나빠서'라는 한마디로 끝낼 게 아니라 궁합을 좋게 하기 위해서 어떤 노력을 할 수도 있다. 이론상으로는 어떤 상대와도 좋은 관계를 가질 수 있는 것이다.

심리학에서 궁합은 '유사성'과 '상호보완성'이라는 두 가지 요소로 구성되어 있다. 그리고 궁합의 좋고 나쁨에는 유사성의 비중이 상호보완성보다 크게 작용한다.

유사성이라는 것은 요컨대 공통점이자 공통적인 성향을 말하는 것이다. '비슷한 사람들끼리' 사이가 좋아지기 쉬운 것은 당연하다. '끼리끼리 모인다'라는 말도 있듯이 말이다.

유사성의 요인으로는 사람에 관한 모든 사항이 포함된다. 예를 들어 보면 성별, 연령, 출신지, 출신 학교, 용모, 체격, 패션의 기호, 직업, 능력, 성격, 사고방식, 취미, 음식의 기호 등 모든 것이 요인이 될 수 있다. 한 가지라도 공통점이 있다면 좋은 관계를 만드는 계기가 되는 것이다.

이성보다는 동성끼리가 더 친해지기 쉽다. 같은 성별이 관계 조성을 하는 데 쉽기 때문이다. 그런 의미에서 이성끼리의 사랑은 동성끼리의 우정보다 어려운 것이다.

또 우연히 누군가가 자신과 같은 취미를 가진 것을 알게 되면, 서로 그 취미에 대해서 대화를 나누게 되고 그로 인해 자연스럽게 마음도 열리는 경험을 가진 사람이 많을 것이다. 처음에는 별로 관심이 없던 사람과 함께 일하면서 어느 사이엔가 조금씩 친해지는 것은, 같은 일을 함으로써 공통적인 경험이 늘어나거나 공통점을 발견했기 때문이다. 반대로 차이점만 부각돼서 보이면, 서로에게 소원해지거나 업무상의 교제로 그치고 만다. 극단적인 경우에는 업무상의 관계마저도 무너질지 모른다.

한편 두 인물 사이에서 유사성 요인 중 어느 것이 강하게 작용하느냐는 서로가 무엇을 필요로 하느냐에 따라서 달라진다. 예컨대 서로 '대화 상대가 필요하다'가 목적이라면 성격이 비슷한 사람, 비슷한 경험을 가진 사람들끼리가 좋다. 또한 일을 같이 진행할 때는 능력이 비슷하다는 점이 좋은 인간관계를 형성한다. 그래서인지 업무상의 파트너를 고르는 실험에서 자신과 능력이 비슷한 상대를 고르는 사람이 많다는 결과가 나왔다.

그러나 '데이트 상대 고르기'라는 실험에서는 대부분의 사람이 용모 외의 다른 면에서도 자신보다 상위 순위의 사람을 고른다는 결과가 나왔다. 한편 '어울리는 사람을 고른 경우가 관계가 오래 지속된다'라는 당연한 결과가 나온 실험도 있다. 이것을 '매칭 이론Matching Theory'이라고 하는데, 자신에게 어울리는 사람이 결과적으로 궁합이 좋은 상대라는 얘기가 된다.

유사성의 요인이 적은데 좋은 관계를 만들기 위해서는 그 나름의 노력이 필요하다. 서로 대화를 나누면서 공통의 취미를 찾거나, 같은 일을 해서 공통의 경험을 만드는 것이다.

궁합의 또 하나의 요소인 '상호보완성'이란, 凹와 凸처럼 서로 달라도 조합해서 딱 들어맞으면 되는 것이다. '느긋한 사람과 성급한 사람' '외향적인 사람과 내향적인 사람' '신경질적인 사람과 낙천적인 사람' 그리고 '미녀와 야수' 등의 조합이 있다. 성격이나 기호가 정반대로 보이는 관계 조합인데도 서로 사이가 좋은 사례는 얼마든지 있다. 이쪽은 유사성이 아니라 상호보완성의 원리가 강하게 작용하고 있는 것이다.

상호보완성에 관한 전문적인 연구에서는, 남녀 커플은 지배 욕구와 보호 욕구에 대해서 상호보완적인 쪽이 유사한 쪽보다 더 오래간다는 것을 알았다. 남성 쪽은 '여성을 지배하고 싶다', 여성 쪽은 '남성에게 보호받고 싶다'라는 식으로 반대 욕구를 갖고 있는 쪽이 커플로서 관계가 오래 지속된다는 것이다. 물론 지배 욕구를 가진 여성과 보호 욕구를 가진 남성의 조합도 좋다. 그러나 두 사람 모두 지배 욕구를 갖고 있다거나, 서로 보호 욕구가 강한 관계는 오래 지속되기가 힘들다.

현재 자신과 궁합이 나쁘다고 느끼는 사람이 있다면, 그 사람과 유사성이나 상호보완성 중 어느 쪽의 원리가 관계 발전에 도움이 되는지 파악해 보자. 그리고 보다 적극적으로 대처하면 좋은 인간관계 만들기에 도움이 될 것이다.

10

마음 주기와 마음 받아들이기의 규칙

(^_^) (~_;) m(_ _)m (~.^)

이것들을 이모티콘Emoticom, 혹은 페이스 마크Face Mark 라 부른다. 여러 기호를 조합해서 그린 그림문자로, 문장으로는 표현하기 어려운 뉘앙스와 마음을 효과적으로 전달하는 데 사용한다. 위의 페이스 마크는 '웃고 있는 모습아, 즐거워' '땀 흘리는 모습난처하네' '절하는 모습미안해' '윙크하는 모습호의를 보내며' 등이다.

이것은 이 자체로 편리한 도구이다. 문장으로 쓸 경우 조금 공격적으로 보일 듯한 말도 페이스 마크를 잘 사용함으로써 상대에게 악의가 없음을 전달할 수 있기 때문이다. 그러나 동시에 그 문자를 받은 사람이 의미를 이해하지 못하면 아무런 도움이 되지 못한다.

사람과 사람 사이의 커뮤니케이션에도 비슷한 부분이 있다. '난 지금 즐거워요!'라는 마음을 나타내기 위해서 웃는 얼굴을 만들어 보이면, 상대방은 '아, 이 사람이 지금 즐거운가 보구나.' 이렇게 이해한다. 웃는 얼굴은 '즐겁다'를 의미하는 부호와 같은 것이다.

심리학에서 자신의 마음을 표정 등으로 나타내는 것을 '인코딩부호화', 상대방이 발신한 부호를 읽고 상대방의 마음을 이해, 추측하는 일을 '디코딩해독'이라고 부른다. 인코딩이 잘 안 되면 상대방에게 자신의 마음을 정확하게 전달하지 못하고, 디코딩이 서투르면 상대방의 마음을 이해할 수 없다.

희로애락에 관한 기본적인 표정과 행동, 몸짓에는 누구에게나 공통적인 패턴이 있다. 즉 인코딩하는 측도 디코딩하는 측도 동일한 패턴을 갖고 있는 경우가 많은 것이다.

그러나 그 패턴이 일치하지 않는 경우도 자주 있기 때문에 혼란이 야기되기도 한다. 예를 들어, 눈앞에 있는 상대가 당신을 보며 미소를 짓고 있다. 상대방은 '당신을 만나서 기쁘다'라는 마음으로 미소를 지었는데 당신은 '흥, 지금 나를 바보 취급하는군.' 이렇게 해석해

버리는 경우도 왕왕 있는 것이다. 그렇게 되면 감정은 엉뚱하게 표출돼 버린다. 이런 일이 몇 번 거듭된다면 두 사람의 관계는 결국 깨지고 말 것이다.

분명하지 않은 미묘한 표정과 몸짓일수록 이러한 판단 착오가 쉽게 일어난다. 원인은 인코딩이 정확히 전달되지 못했기 때문이다. '내가 웃는 것은 당신을 만나서 기쁘기 때문이에요'라는 의미가 확실히 전달된다면 오해와 의심을 사지 않을 것이다.

한편 디코딩하는 쪽이 원인이 되는 일도 있다. 같은 표정을 보고 어떻게 받아들이느냐는 디코딩하는 사람에 따라서 다르다. 욕망과 기대감이 있으면 해석이 왜곡되고 선입관이라는 필터에서 해석 이상이 생겨 잘못된 추측으로 치닫게 된다.

부부관계를 연구하는 심리학자 노라는 많은 상담을 통해서 불화가 끊이지 않는 부부는 인코딩과 디코딩에 문제가 있음을 밝혀냈다. 주목해야 할 점은 '남편의 디코딩 능력에 문제가 있는 경우가 많다'라고 결론짓고 있는 부분이다.

아내가 남편에게 '전 지금 고민이 많아요. 도와주세요'라는 사인을 보내는데도 남편이 알아차리지 못한다. 설사 사인을 알아차린다 해도 아내가 고민하는 일이 무엇인지, 무엇을 필요로 하는지 깨닫지 못하는 경우도 있다. 오랜 세월 동안 이런 일이 거듭되다 보면 두 사람 사이의 감정의 골은 더욱 깊어지고 커져서 결국 부부관계는 파탄에 이르게 된다.

무엇보다 상대방에 대한 애정이 줄어들면 상대방의 사인을 읽으려는 노력 자체를 아예 거부하거나 읽고 싶다는 의욕마저 사라진다. 디코딩이 안 되기 때문에 사이가 삐거덕거리는 게 아니라 사이가 안 좋기 때문에 디코딩이 안 되기도 한다. 닭이 먼저냐 달걀이 먼저냐 하는 비유처럼 어느 쪽이 먼저라고는 단정하기 어려운 경우도 많다.

상대방의 표정과 행동을 어떻게 디코딩할 것인가? 이런 질문은 꼭 부부 사이만이 아니라 그 밖의 다른 사람들과의 관계에서도 매우 중요한 것이다.

재미있는 심리 이야기 3

상대를 속이는 것은 간단한 일

▶▶▶▶ 자기 현시욕이 강해 자신이 남들한테 주목받지 못하면 견딜 수가 없다. 허세를 부린다. 자신을 실제 이상의 사람으로 보이고 싶어서 아무렇지도 않게 거짓말을 한다.

우리 주위에는 이런 사람이 상당수 있는데, 이 경향이 극단적이 되면 '연기성 인격 장애'라고 불리는 정신질환이 된다. 특히 상습적인 사기범들 중에는 연기성 인격 장애자가 많다.

얘기에 알맹이는 없지만 지극히 인상적인 말솜씨를 가지고 있고, 타인의 관심을 끌기 위해서 외모는 항상 반듯하게 갖춘다. 자신을 연출하기 위해서겠지만, 표정이나 행동이 실제 이상으로 과장되고 화려하다. 그 때문에 실제 나이보다 젊게 보이고, 눈도 반짝반짝 빛난다는 것이 연기성 인격 장애자의 공통점이다. 한마디로 말하면 매우 매력적인 사람이다.

이러한 인물에게 악의가 있다면 상대를 속이는 것은 간단한 일이다. 첫인상으로 호감을 사기 때문에 상대방은 쉽게 마음을 허락하고, 앞뒤가 안 맞는 얘기에도 별 의심 없이 믿게 된다. 또 연기성 인격 장애자는 거짓말을 하는 데 있어서 뒤탈을 염려하지 않기 때문에 말이나 행동도 자연스러워서 거짓임을 알아채기가 더 어렵다.

게다가 극단적인 인물이라면 스스로 만든 거짓말을 사실로 믿어 버리는 경우도 있다. 자기 암시에 걸려 있기 때문에 본인이 거짓말을 하고 있다는 의식조차 없다. 이런 사람의 표적이 되면 어떤 사람이든 속는 것은 시간문제이다. 왜냐하면 거짓말을 읽을 때 필요한 단서들이 전부 제거된 상태이고 너무나 자연스럽게 행동하기 때문이다.

11

여성의 감이 빠른 데는 이유가 있다

주간지나 여성 월간지 등을 보면 '남편의 바람을 파악하는 법'이라는 제목의 기사가 실리곤 한다. '넥타이가 갑자기 화려해지지 않았는가' '남편의 귀가 시간이 늦어지지 않았는가' '낯선 향수 냄새가 나지 않는가' 등의 체크포인트가 상세하게 나열되어 있다.

하지만 대부분의 여성은 그런 것들이 아니라도 아마 남편의 변화를 쉽게 눈치챌 것이다. 알다시피 여성의 직감은 매우 날카롭기 때문이다.

"그렇게 조심했는데 어떻게 들켰을까?"

"우리 집사람의 관찰력은 정말 놀라워."

이런 식으로 혀를 내두르는 남편들이 아마 많을 것이다.

앞의 내용과 연관시켜 말한다면, 남성에 비해서 여성 쪽이 디코딩 능력이 높기 때문이다. 몇 가지 심리 실험에서도 이것을 증명하는 결과가 나와 있다.

여성의 디코딩 능력이 높은 이유 중 하나는 육체적, 사회적으로 남성보다 여성의 입장이 약한 데 있다. 상대방의 심리를 빨리 읽고 대처하지 못하면 문제가 발생할 수 있다는 기본 의식이 심리에 깔려 있다. 그래서 디코딩 능력이 발달했다는 설도 있다.

타인에 대한 관심도가 여성 쪽이 강한 것은 여성들이 소문을 즐기는 것으로도 알 수 있다. 주부들을 대상으로 하는 아침 TV 프로그램에 연예인을 비롯해 유명인들의 소문과 사생활을 밝히는 내용이 많은 것은, 가정주부의 주된 관심과 기호가 어디에 있는지를 정확히 파악한 결과다. 물론 언론이 그런 상황을 만든다는 지적도 설득력 있는 주장이다.

또 하나는 여성의 사고방식 자체가 구체적인 점을 들 수 있다. 예컨대 쇼핑 금액 계산은 일반적으로 여성이 남성보다 빠르다. 그런데 수학은 남성이 더 좋아하는 경향이 짙다. 요컨대 사물을 추상적으로 생각하는 능력은 남성, 구체적인 사고 능력은 여성이 우수하다는 의미이다.

상대방의 언행을 제대로 디코딩하려면 단서가 되는 표정과 행동의 세밀한 요소를 눈치껏 알아차려야만 한다. 게다가 단서가 될 정보가 많은 쪽이 정확한 결과를 얻기 쉬운 것이 당연하다. 이런 이유로 구체적인 사고에 강한 여성이 감을 더 예리하게 잡는 것이다.

그러나 남성은 '대충' '왠지 모르게' '전체적으로' '분위기로'라는 형태로 판단하게 되고, 이것이 디코딩에 실패하는 원인이다.

이렇게 생각하면 인생 상담가, 점술가, 카운슬러, 테라피스트

Therapist 등의 분야에서 여성이 많은 활약을 하는 것도 납득이 된다. 원래부터 여성의 적성에 어울리는 일인 것이다.

한편 여성의 뛰어난 디코딩 능력이 오히려 해가 될 때도 있다. 세세한 사항에만 사로잡힌 탓에 전체적인 판단을 그르치는 것이다. 예전과 달리 요즘엔 여성의 역할이나 지위가 사회적으로 향상되어 많은 이들이 활동의 영역을 넓히고 있다. 그러나 여전히 결혼 사기꾼에게 속는 여성이 끊이지 않고 있다. 그 이유는 '여자의 감'이 상대방의 진면목을 제대로 파악하는 데 오히려 눈을 흐리게 만드는 방해물이 되었기 때문이다.

여성의 특징
· 타인에게 관심이 높다
· 사고방식이 구체적이다
· 표정과 행동 파악 능력이 뛰어나다

12

싫은 표정이 무조건 거절의 사인은 아니다

상담자의 정신적인 고민을 해결해야 하는 카운슬러는, 경험 많고 뛰어난 사람일수록 상대방의 변화를 하나도 놓치지 않는다. 그것도 표정과 자세, 손짓, 작은 몸짓의 변화를 주의 깊게 관찰한다. 그런 면에서 상담자의 말만 열심히 기록하는 카운슬러는 결코 능력 있는 사람이라고 할 수 없다.

처음에는 표정이 굳어 있던 상담자가 상담이 진행되면서 조금씩 표정을 누그러뜨리는 경우가 있다. 마음이 가벼워지거나 정신적으로 변화가 오면, 말투나 그 내용에는 변화가 없어도 표정에 미묘한 변화가 나타난다. 그 밖에도 처음에는 의자 등받이에 바짝 붙어 앉았던 자세를 점차 앞으로 기울인다거나, 어깨를 똑바로 세우고 직립 부동 자세였던 상반신의 긴장이 조금씩 풀리거나, 잔뜩 오므리고 있던 무릎 사이가 점차 벌어지기도 한다.

이런 미세한 변화를 놓치면 카운슬링은 순조롭게 진행될 수가 없다. 고개를 푹 숙이고 메모만 하고 있다가는 이런 점을 못 보고 놓치게 되는 것이다.

상담자가 싫은 표정을 지었을 경우에도 그것만으로 '마음을 닫고 있구나'라고 판단하면 실수하기 쉽다. 굳은 표정으로 일관하던 사람이 가끔 싫은 표정도 보인다는 것은, 서서히 카운슬러를 신뢰하고 있다는 증거라고 할 수 있다. 따라서 '싫은 표정을 보이는 것은 그만큼 마음을 열고 있다는 증거다'라고 해석해도 좋다.

한편 '사람들에게 항상 웃음으로 대하고 그들의 기분을 맞춰 줘야 한다'라는 생각에 사로잡혀 있는 사람이 있다. 그러나 그 점이 인간관계를 더 어렵게 만드는 원인이 되기도 한다. 항상 상대의 기분만 생각해 주던 상담자가 오히려 불쾌한 표정이나 싫은 표정을 지어 보이면, 그것은 카운슬러에게 본심을 보이는 것이다. 그런 불쾌한 표정이 관계 회복의 계기가 되는 일도 있다. 서로에게 자기의 기분 그대로 표현할 수 있다는 것은 친밀해지고 있다는 얘기가 되는 것이다.

실제로 필자의 상담자 중에 매우 극적인 변화를 보인 남자 고등학생이 있었다. 집에서는 '정말 착한 아이'인데 학교에서 공부에 집중하지 못하고 선생님에게 반항하는 등 학교생활에 적응하지 못하고 있었다. 게다가 가벼운 우울증 증세도 보였다.

카운슬링을 처음 시작할 때 그 학생은 자신의 감정을 거의 드러내지 않았다. 가정에서 자신의 감정을 내보일 때마다 부친으로부터 강한 제재를 받아왔기 때문이었다. 자신의 감정을 억압하고 생활했다는 뜻이다. 억압은 정서적인 불안감, 감정적인 흥분을 만들어 낸다. 그리고 억압이 지나치면 무표정이 되어 버리는 것이다.

그러나 카운슬링을 계속 진행하는 과정에서 그 학생에게 조금씩 변화가 나타났다. 계기는 바로 이것이었다.

상담 초기에는 "케이크 먹을래?" 이렇게 권했을 때 좋다 싫다 전혀 대답을 하지 않았다. 자신의 의사표현을 극도로 자제하는 것이다. 자신의 생각을 말하면 뭔가 제재가 있지 않을까, 상대방의 기분을 상하게 하지는 않을까 혼자 궁리하는 것이다.

그런데 어느 날인가 케이크 먹기를 권했을 때 "예, 잘 먹겠습니다"라고 확실한 의사표시를 하는 게 아닌가. 그 다음부터는 "먹고 싶지 않아요"라는 부정적인 표현도 하기 시작했다.

이 무렵부터 남학생은 '철문같이 닫혀 있는 마음의 문을 열어 주면서' 서서히 본래의 자신과 기분, 감정을 드러내 보이기 시작했다. 대화 속에서도 본래의 총명함을 발휘하게 되고 억압에서 해방되는 기미도 분명하게 보였다.

이처럼 사람을 대할 때는 '단편적'으로 보지 말고 '입체적' 혹은 '구체적'으로 보는 것이 좋다. 대화하는 동안의 변화, 몇 번 계속 만나는 가운데 일어나는 변화, 그런 것을 놓치지 않는 것이 중요하다.

13

다리 동작과 자세는 거짓말을 못 한다

필자는 직업상 수험생들의 면접을 보는 경우가 종종 있다. 많은 스타일의 젊은이들을 만날 수 있는 좋은 기회다. 한 번에 여러 타입 젊은이들의 얘기를 듣는 것은 즐거운 일이 아닐 수 없다.

"지원 동기가 무엇입니까?"라고 물으면 "네, 저는 그러니까……" 하고 말을 더듬다가 아무 말도 하지 못하는 수험생, 터무니없는 말만 하는 수험생도 있지만 그 나름대로 재미가 있다.

면접시험장의 분위기는 대체로 면접을 받는 사람과 면접관의 거리가 꽤 먼 것이 일반적이다. 대학 입학시험에서도, 기업의 입사시험에서도 마찬가지이다. 이런 배치 형태는 면접관에게 유리한 환경이다.

면접에서는 응답 내용이 중요시되지만, 그것만 필요하다면 그렇게까지 거리를 둘 필요가 없다. 차라리 가깝게 마주앉는 쪽이 목소리도 잘 들리고 표정도 쉽게 볼 수 있다. 그런데도 일부러 떨어진 위치에 앉는 것은 수험자의 자세, 행동, 손과 다리 동작을 한눈에 읽기 위해서다. 사람을 판단하는 데는 말 이외의 요소들도 빼놓을 수 없다.

미국의 심리학자 메러비안은 얘기하는 상대가 어떤 사람인가를 판단하는 단서로 얼굴 표정, 말, 목소리 등 세 가지를 들어 다음과 같이 공식화했다.

지각되는 태도 = (말×0.07) + (음성×0.38) + (얼굴×0.55)

단서의 비중으로는 표정이 55%로 가장 크고, 음성이 38%, 말이 7%라는 뜻이다. 말은 거의 도움이 되지 않는다. 표정은 당연히 비중이 커서 50% 이상을 차지하지만, 음성 즉 목소리의 비중이 큰 것은 의외라 할 수 있다.

명저 『털 없는 원숭이』로 잘 알려진 동물행동학자 데즈먼드 모리스는 『피플 워칭』에서 동작의 신뢰척도를 만들었는데, 그가 제시한 신뢰할 수 있는 동작의 순서는 다음과 같다.

1. 자율신경 신호
2. 하지 신호
3. 체간(体幹, 몸의 중추 부분) 신호
4. 쉽게 발견되지 않는 손짓
5. 눈에 보이는 손동작
6. 표정
7. 말

이 순서를 거꾸로 살펴보면, 본인 스스로가 의식적으로 컨트롤하기 쉬운 순서라는 걸 깨닫게 된다. 간단하게 요약하면 '말로는 속아도 다리 동작으로는 속지 않는다'라는 얘기가 된다.

좀 더 해석을 덧붙여 본다면, 자율신경 신호는 긴장하면 맥박이 빨라지거나 땀을 흘리는 것 등이다. 이런 종류의 생리적인 반응은 자신의 의지로는 억제할 수 없기 때문에 가장 신뢰할 수 있는 단서가 된다. 겉모습으로 알 수 있는 것은 많지 않은데 그중 하나가 얼굴색의 변화이다.

하지 신호는 다리 동작으로, 보는 사람이 의식하기 힘든 만큼 감정이 표출되기 쉽다.

체간은 신체 자세를 의미한다. 예컨대 긴장과 지루함은 몸이 경직되거나 풀어지는 것으로 표현된다.

그 다음은 손동작으로 아는 것이다. 미묘해서 알기 어려운 '쉽게 발견되지 않는 손짓'과 확실히 '눈에 보이는 제스처'로 구별된다. 후자는 의도적인 경우가 많고, 사인의 의미가 분명하다. 전자는 동작이 작고 인식되는 정도가 흐릿하지만, 오히려 본심이 드러나는 경우가 많다.

마지막으로 표정과 말이 가장 신뢰하기 힘든 신호다.

동작 순서의 모든 사항이 같은 의미의 사인을 보내고 있다면 그 감정은 진짜라고 판단할 수 있다. 하지만 실제의 속마음을 감추려고 하거나 거짓말하는 사람은 어디에선가 모순이 발생한다. '말은 활기

차게 하고 있지만, 자세가 나쁘고 불쾌해 보인다'가 이 경우다. 이럴 때는 데즈먼드 모리스의 원칙대로 말보다는 자세에서 진심이 강하게 나타나게 된다.

인간의 동작으로 신뢰할 수 있는 순서

자율신경 신호
땀을 흘린다
얼굴색의 변화
맥박이 빨라진다

허벅지 신호
다리를 떠는 동작

체간 신호
신체 자세에 감정이 배어 나온다

쉽게 발견되지 않는 손짓
미묘한 손동작

눈에 보이는 손동작
의도적이고 의미도 확실

표정과 말
가장 신뢰하기 어려운 신호

거짓말하는 사람의 얼굴 비디오를 보여 주는 실험에서 '얼굴 위만 보여 주는 테이프' '얼굴 아래만 보여 주는 테이프' '얼굴만 보여 주는 테이프' 중 어느 것이 가장 거짓말을 읽기 쉬운가를 조사했다.

실험 결과는 '얼굴 아래만 보여 주는 테이프'가 거짓말 파악이 제일 쉽다고 나왔다. 그리고 '얼굴만 보여 주는 테이프'가 거짓말 파악이 제일 어렵다는 실험 결과가 나왔다. 이 실험 결과의 이유도 모리스의 원칙으로 설명할 수 있다.

사람의 심리 상태와 성격을 알고자 할 때 이야기의 내용과 얼굴 표정만 신경 쓰다가는 판단 실수를 저지르기 쉽다. 그것들은 무시하고 차라리 손의 움직임과 다리 동작을 주목해서 보자. 전신을 관찰하는 것이 진심을 읽는 가장 좋은 방법이다. 그런 의미에서 면접을 받는 사람은 완전히 무방비 상태에 놓여 있는 셈이다. 그리고 그것이 면접을 보는 목적인 것이다.

재미있는 심리 이야기 4

당신 주변에 존재하는 사이코패스

▶▶▶▶ '사이코패스'라는 말은 로버트 D. 헤어의 『진단명 사이코패스—주변에 감춰진 이상 인격자들』에 의해 잘 알려지게 되었다. 이 말은 현대 미스터리 소설의 테마로 사용되곤 해서 '이상 살인자'의 대명사처럼 쓰이고 있으나 본래는 정신의학 용어이다. 인격 장애의 일종으로, 범죄 등 반사회적인 행동을 일으키기 쉬운 '반사회적 인격 장애자'를 가리킨다. 인간적인 상냥함이나 따뜻함이 결여된 냉정한 성격으로, 자기 현시욕이 강하고 충동적이며 폭발적인 행동 특징을 갖고 있다. 남의 아픔에 무신경하고, 죄의식이나 양심에 의한 갈등도 없다. 잔인하고 냉혹하며 교활한 데다 말주변이 좋고, 매우 매력적이기조차 하다. 미국정신의학회의 진단 기준으로 다음 중 3가지(또는 그 이상)에 해당하는 경우를 사이코패스라고 보고 있다.

· 범죄를 저질러 경찰에게 체포되기도 한다
· 자신의 이익과 쾌락을 위해 거짓말을 하고 사람들을 속인다
· 충동적이고 장래의 계획을 세우지 않는다
· 화를 잘 내며 공격적이고 싸움이나 폭력을 반복한다
· 자신과 타인의 안전을 생각하지 않고 앞뒤 없이 행동한다
· 무책임하고 일을 오래 지속하지 못한다
· 타인에게 상해를 입혀도 양심에 가책을 느끼지 않는다

따라서 사이코패스가 반드시 이상 살인자라고는 할 수 없다. 이른바 비행소년, 사기꾼, 폭력 남편, 아동 학대자, 악덕 종교의 교주 등도 사이코패스의 일종이다.

제2장

표정에서 알아채는 상대의 심리

진심으로 웃을 때는 얼굴만 웃는 게 아니다.
몸 전체로 웃는 듯한 느낌을 주게 된다.
어린아이가 "저 아저씨 웃는 얼굴이 이상해요"라며 억지웃음을 간파하는 것은
무의식중에 전신을 보기 때문이다.

01

남자들이 바람피우다
아내에게 들키는 이유

말썽을 피우고 시치미를 떼는 아이가 있다.

"거짓말해도 소용없어. 얼굴에 다 쓰여 있으니까."

엄마는 아이의 얼굴을 가만히 들여다본다.

한편 애인의 바람기를 의심하는 한 여성이 있다.

"아무리 숨겨도 다 알아. 얼굴에 금방 나타나니까."

이렇게 말하고 남자의 안색을 살핀다.

두 가지 경우 모두 심리 상태와 감정은 얼굴에 반드시 드러난다는 사실을 전제로 한 '위협'이며 '도발'이다. 듣는 쪽에서는 '그럴 리 없어'라고 부정하면서도 내심 깜짝 놀라 목이 움츠러들게 마련이다.

자신의 심리 상태를 외부로 표현하는 일을 정동표출情動表出이라고 부른다. 그 대표적인 방법이 얼굴 표정이다. 그리고 몇몇의 특정한 심리 상태는 민족과 개성의 차이를 넘어 인류의 보편적인 표정으로 나타난다. 즐거울 때 미소를 짓는 것은 모든 사람의 공통된 형태이며, 웃음이라는 표정의 형태도 공통적이다. 슬픈 얼굴, 놀라는 얼굴 등도 마찬가지이다.

심리학 분야에서는 표정과 대응하는 심리 상태정동로 행복·슬픔·분노·공포·놀람·혐오감 등 6가지를 들고 있다. 각각 어떤 표정이 되는지 상상해 보기 바란다. 슬픈 표정은 눈썹이 한가운데로 몰리고, 눈썹 안쪽 끝이 치켜올라간다. 눈꼬리는 처지고 코는 평소보다 낮아진다. 입술의 양끝은 아래로 내려간다. 세부적인 사항은 생략하고 주된 요소를 들어보면 이런 묘사가 가능해진다. 분노와 공포 등 다른 심리 상태에 대해서도 사람들은 비슷한 표정을 짓게 된다.

이 말은 표정을 보면 그 사람의 심리 상태를 알 수 있다는 뜻도 된다. '마음이 얼굴에 나타난다' 또는 '얼굴에 써 있다'라고 말하는 것은 이런 점에서는 맞는 말이다. 특히 위에서 든 6가지 심리 상태와 관련된 표정은 천부적으로 갖고 태어나는 것이기 때문에 표정을 보면 그 사람의 심리를 자연스럽게 느낄 수 있다.

표정에 대해서는 진화론의 아버지 다윈이 흥미로운 사실을 주장하고 있다. '얼굴 표정은 생존을 위해 빼놓을 수 없는 행위로 진화한 것이다.' 그리고 각각의 표정에 대해서 독특한 해석을 하고 있다. 당신은 어디에 해당하는가.

놀람의 표정 : 눈썹이 치켜올라가는 것은 눈의 시야를 넓혀 재빨리 보기 위한 것이고, 입을 벌리는 것은 심호흡을 쉽게 하기 위해서다. 이렇게 해서 예기치 못한 일에 대처하는 준비를 한다.

혐오감의 표정 : 기분 나쁜 일을 말할 때와 같은 표정이다.

분노의 표정 : 눈썹을 찌푸리는 것은 눈에 들어오는 빛의 양을 줄이기 위해서고, 콧구멍이 커지는 것은 호흡을 쉽게 하기 위해서다. 이를 악무는 것은 먹이를 씹을 준비 상태가 된 것을 의미한다.

슬픔의 표정 : 울기 위한 준비 상태이다.

02

얼굴 표정을 너무 믿지 마라

앞의 내용과 모순되는 주장이지만, 표정만 가지고 심리 상태를 정확하게 판단할 수는 없다. 그 이유로는 몇 가지가 있는데, 그 중 한 가지는 다른 심리 상태에서도 비슷한 표정을 짓는 일이 있기 때문이다.

놀람의 표정과 공포의 표정은 거의 비슷하고, 미소와 무시나 고소함의 표정도 구별하기 어렵다. 눈과 눈썹, 입가의 작은 차이밖에 없기 때문에 표정에만 의존해 판단을 내리면 틀릴 위험이 크다. 특히 첫 대면하는 사람, 교제 기간이 짧은 사람의 표정은 잘못 읽을 가능성이 높기 때문에 주의가 필요하다.

일반적으로 볼 때, 표정으로 심리 상태를 정확하게 읽을 확률은 70% 정도라고 한다. 단, 기쁨과 행복은 표정으로 알기 쉽다. 어떤 연구 결과에서는 기쁨의 적중률은 얼굴 표정만 봐도 90%에 달한다고 전했다. 다른 연구에서도 기쁨과 행복의 적중률은 뺨과 입가만 봐도 98%, 입과 눈꺼풀이 합해지면 99%의 수치를 보인다. 즉 잘못 읽을 확률이 거의 없다. 기쁨과 행복이라는 감정은 그만큼 단순한 것인지도 모른다.

그러나 동양인의 표정은 서양인과 비교해서 애매하다는 사실도 염두에 두자. 동양인 특유의 표정을 꼽는다면 '의미를 알 수 없는 애매한 미소'를 들 수 있다. 이런 표정은 서구인에게는 이해하기 어려운 것 중 하나다.

영국인, 이탈리아인, 일본인 학생에게 사람의 기본 감정과 태도순종, 오만, 호감 등를 표현하게 해서 비디오를 녹화한 다음, 그것을 각국 학생들에게 보여 주었다. 그들이 표현하고 있는 감정과 태도를 얼마나 정확하게 읽는지를 조사한 실험이다.

그 실험에 따르면 어느 나라의 사람이나 일본인도 포함, 일본인의 표현에 대한 판단 착오가 가장 많았다. 영국인, 이탈리아인에 비해서 일본인의 표정과 태도는 그만큼 애매한 것이다. 단, 행복과 우호성에 대해서는 다른 감정이나 태도보다 확실하게 표현되었다.

게다가 중요한 것은 표정을 의도적으로 컨트롤할 수 있다는 점이다. 무표정을 가장하거나 우는 흉내 내기, 화난 척하는 거짓 표정은 보통 쉽게 분별이 된다.

표정은 얼굴 피부 바로 밑에 있는 근육 작용으로 만들어지기 때문에 근육을 컨트롤하면 표정을 자유롭게 변화시킬 수 있다. 세일즈맨의 강령 중 하나가, 매일 아침 거울을 보며 웃는 연습을 하는 것이다. 웃을 때 사용하는 근육을 트레이닝함으로써 고객 앞에서 자연스럽게 웃는 얼굴을 표현하기 위해서이다.

배우나 정치가는 이런 표정 컨트롤에 능숙하다. 배우는 슬픈 장면에서는 슬픈 표정을 만들 뿐 아니라 눈물까지 흘린다. 흔히 "저 눈물은 안약을 넣은 걸 거야"라고 보는 이들이 말하지만, 진정한 배우라면 역할에 몰입했기 때문에 실제로 눈물을 흘린다. 물론 속임수의 프로인 사기꾼도 이런 표현 방법에 능숙하다.

감정은 표정에 직접적으로 나타나는 것이 상식이다. 따라서 얼굴 표정을 그대로 믿는 사람은 때로 곤란한 상황에 빠질 수 있다. 그렇다고 거짓 표정 여부를 너무 살피게 되면 사람들에 대한 불신감이 생길 수 있으니 적절하게 판단해야 할 것이다.

결론을 내리자면 표정은 어디까지나 사람의 마음을 읽는 수단이기는 하지만 다른 행동과 함께 고려해서 판단하는 지혜가 필요하다는 것이다.

03

표정을 읽기 어려우면 왼쪽 얼굴을 주목하라

당신은 상대방의 얼굴을 볼 때 주로 어디에 주목해 보는가?

제일 먼저 입을 보거나 코를 본다는 사람은 드물다. 보통은 상대방의 눈을 본다. 그리고 눈을 보면서 상대방의 표정을 관찰할 것이다. 그렇다면 가장 주의가 집중되는 곳은 상대방의 눈이다. 그렇지만 표정을 만들고 있는 요소는 눈 이외에도 몇 가지가 있다. 정확한 표정 읽기를 위해서 이 점을 확실하게 짚고 넘어가자.

일반적으로 표정을 만드는 주된 요소로 다음의 3가지를 들 수 있다. 또 각 요소마다 변화의 조합으로 표정이 만들어진다.

1. 눈썹, 뺨

눈썹을 찌푸린다, 눈썹을 치켜올린다, 눈썹이 내려간다, 이맛살을 찌푸린다 등

2. 눈, 눈꺼풀, 콧잔등

눈을 크게 뜬다, 눈이 가늘어진다, 눈꺼풀이 올라간다, 눈꺼풀이 내려간다,

콧구멍이 커진다 등

3. 얼굴의 하부(뺨, 입, 코의 대부분, 턱)
입을 벌린다, 입을 팔(八) 자로 그린다, 입을 오므린다, 턱을 떨군다, 턱이 올라간다, 입술이 올라간다, 입술이 긴장한다, 입술이 내려간다 등

보통 분노의 표정은 눈썹이 올라가고, 눈썹 사이에 세로 주름이 그어지며, 눈꺼풀이 긴장하고, 눈은 한 점을 바라보며, 입술은 꽉 다물어진다. 그러나 우리는 보통 이만큼의 세부적인 사항까지 보고서 상대가 화를 내고 있다는 걸 아는 게 아니라 좀 더 막연한 형태와 느낌을 읽고서 '아, 이 사람이 지금 화를 내고 있구나'라고 알아차린다.

그러나 감정과 얼굴 부위의 관계를 알아 두면, 자연스러운 표정인지 일부러 짓는 표정인지 구별하기가 쉽다. 예로 들어 상대가 분노하고 있다고 하자. 분노에 찬 상대의 입가가 느슨히 풀려 있으면 다른 얼굴 부위가 분노를 나타내고 있어도 '이 사람, 사실은 화가 안 났는지도 몰라.' 이런 생각의 여지가 만들어진다.

또 한 가지, 감정은 오른쪽 얼굴보다 왼쪽 얼굴에 더 강하게 나타난다. 똑같은 얼굴 사진 2장을 왼쪽과 오른쪽, 절반으로 잘라서 한 장은 왼쪽 표정으로만, 또 한 장은 오른쪽 표정으로만 된 합성 사진을 만들었다. 그리고 2장의 사진을 사람들에게 보여 주면서 감정의 내용과 강도가 어느 사진에 더 잘 나타나 있는지를 물어 보았다. 그

결과 슬픔, 분노, 공포, 놀람, 혐오감 등의 감정들은 왼쪽 얼굴만으로 만든 합성 사진 쪽에 강하게 나타난 반면, 행복에 대해서는 차이가 없다는 결론이 나왔다. 표정을 판단하기가 어려우면 상대방의 왼쪽당신에게는 오른쪽 얼굴에 주목하면 수월한 것이다.

그리고 미소 짓는 얼굴이 진심에서 우러나온 것인지 가식적인 것인지를 체크하는 단서가 있다. 그것은 미소 짓는 표정이 좌우대칭이면 자연스러운 것이고, 좌우 비대칭이면 가식적인 미소라는 것이다.

감정은 왼쪽 얼굴에 강하게 나타난다

▶ 원래 사진

▶ 오른쪽만 가지고 합성　　▶ 왼쪽만 가지고 합성

04

얼굴색의 변화는 무엇을 나타낼까?

필자는 심리학이 전문인 관계로 심리적, 정신적인 고민거리로 상담 의뢰를 받는 일이 많다.

어떤 대학생이 다음과 같은 자신의 고민을 호소했다.

"대학에 막 입학했을 무렵이었어요. 어떤 여학생과 얘기하는데 갑자기 배에서 꼬르륵거리는 소리가 나는 거예요. 그 소리를 여자애가 들었을 것이라고 생각하니 너무도 창피해지더군요. 순간 얼굴이 새빨개졌죠. 그런데 그 후로는 사소한 일에도 얼굴이 자주 빨개집니다. 게다가 빨개진 제 얼굴을 남들이 이상한 눈으로 보지 않을까 생각하니 사람들과 얘기하기가 두려워져요. 어떻게 하면 좋을까요?"

얼굴이 빨개지는 것은 누구에게나 있는 일이다. 심리적으로 동요하거나, 수치스럽다는 느낌, 강도 높은 불안을 느끼면 얼굴이 빨개지는 것이다. 얼굴이 빨개지는 것은 생리적인 반응에 지나지 않는다.

그 대학생에게 이런 얘기를 해 주고 납득시켜 보았지만 개선의 여지가 안 보였다. 그래서 그 학생에게 전문가를 소개해 주었다.

얼굴색이 심리 상태를 나타낸다는 것은 잘 알려져 있다. '안색을 살핀다'라는 말은 얼굴색 그 자체가 아니라 표정에 대해서 말한 것인데, 이처럼 우리는 얼굴색으로 심리 상태를 추측할 수도 있다.

얼굴색이 빨개지는 원인으로는 위에서 든 것처럼 심리적인 동요, 불안감, 수치심을 생각할 수 있다. 거짓말을 지적당하거나, 아픈 부분을 찔리거나, 화제가 예상 밖으로 전개될 때 심리적인 변화가 일어나는 것이 보통이다.

분노를 느꼈을 때에도 얼굴이 빨개진다. 화가 나면 아드레날린 호르몬 분비가 높아져서 혈압이 올라가고 혈액 순환이 좋아진다. 그래서 얼굴이 빨개지는 것이다.

얼굴이 파래지는 일도 있다. 흔히 '강한 공포심을 느끼면 얼굴이 새파래진다'라고 하듯이, 빨개지는 것보다는 파래지는 쪽이 심리적인 동요나 불안감이 더 강하다.

또한 상대방의 머리가 짧다면 귀를 한번 눈여겨보자. 얼굴이 빨개지는 사람을 잘 관찰하면 대부분의 경우 귀가 먼저 빨개지고 그리고 나서 뺨이 빨개진다는 것을 알 수 있다. 그 이유는 얼굴보다 귀가 혈액순환이 잘 되기 때문이다. 그래서 얼굴색이 전혀 바뀌지 않는 사람도 의외로 귀만 빨개지는 경우가 있다.

재미있는 심리 이야기 5

이상 심리의 세계, 사디즘과 마조히즘

▶▶▶▶ 학대하거나 때리기, 상대방을 결박해 고통을 주면서 성적인 쾌감을 얻는 것이 사디즘이고 반대로 학대당하거나, 맞거나, 결박당하는 등 상대방에게 고통을 받음으로써 쾌감을 얻는 것이 마조히즘이다.

두 가지 모두 육체적 고통만이 아니라 말로 인한 정신적인 고통으로도 흥분한다. 두 가지의 합체인 '사디즘과 마조히즘'의 머리글자를 딴 'SM Sadomasochism'으로 통상 부르고 있다. 정신의학에서는 사디즘을 '성적 사디즘', 마조히즘을 '성적 마조히즘'이라고 지칭한다.

미국 정신의학계의 진단 지침서에 따르면 정신질환으로서의 사디즘과 마조히즘은 이런 성적인 기호에 대해 고통을 느끼거나 이것이 생활하는 데 장애가 되는 경우에 국한한다. 따라서 자신의 사디즘적, 혹은 마조히즘적인 기호를 자신이나 상대가 고통으로 느끼지 않는다면 정확한 의미에서 성적 사디즘, 성적 마조히즘이라고는 할 수 없다는 것이다.

사디즘이라는 말은 18세기 후반부터 19세기 전반의 프랑스 작가 마르키 드 사드에서 유래한 것이다. 사드는 남색男色, 반체제, 호색 소설 출판 등으로 인해 전 생애의 3분의 1 이상, 20년 가까이 감금당했던 인물이다. 그가 쓴 『쥐스틴, 또는 미덕의 불행』 『소돔; 120일』 등의 작품에는 각종 도착倒錯적인 성행위가 묘사되고 있다.

그 중에서도 상대방에게 고통을 줌으로써 만족을 얻는 성도착을 사디즘이라고 명명한 것은 19세기 후반의 성심리학자 크라프트 에빙이다.

한편 마조히즘이라는 말은, 19세기 후반에 활약한 오스트리아의 작가 자허 마조흐에서 유래한 것이다. 마조흐는 실생활에서도 피가학적인 생활을 한 인물로, 『모피를 입은 비너스』 『결혼한 여성』 등의 작품에서 마조히즘을 그렸다.

전반적인 경향으로 사디즘은 남성에게 많고, 마조히즘은 여성에게 많다. 이러한 기호를 가진 남녀가 관계를 맺으면 목을 조르거나, 날카로운 물건으로 상처를 입히는 등 육체적인 학대가 점차 단계적으로 확대되다가 마조히즘 여성의 죽음을 초래하는 경우도 있다. 서로 합의한 상태가 아니면 사디즘 측의 행위가 범죄가 되는 것은 말할 나위도 없다.

사디즘과 마조히즘의 심리에 대해서는 지금까지 여러 가지 논란이 계속돼 왔다. 성적인 기호와는 무관하게 타인을 괴롭히고 싶다, 학대하고 싶다는 욕망이 있다면 그것을 사디즘적 인격 특성이라고 한다. 반대로 학대당하고 싶다, 실패하고 싶다는 욕망을 갖고 있다면 그것은 마조히즘적 인격 특성이라고 한다. 사디즘과 마조히즘은 정반대인 것 같지만 사실 뿌리는 똑같이 인간의 내면 심리에서 나오고 있으며 상호보완적이라는 의견도 있다.

자신의 마음속을 한번 들여다보자. 어쩌면 여러분도 자기 안에서 사디즘적인 부분과 마조히즘적인 부분을 발견할지도 모른다.

05

웃음으로 분석하는 사람의 성격

감정은 사람에서 사람에게로 전염되는 성질을 갖고 있다. 대표적인 사례가 슬프게 우는 사람을 보면 자신도 모르게 눈물이 나는 현상이다. 웃음도 예외는 아니다. 마주 앉은 사람이 웃거나, 주위에 웃음이 가득 차 있으면 자신까지 유쾌해진다.

웃음은 긴장감을 누그러뜨리고, 상대방에 대한 투쟁심과 경계심을 완화시킨다. '당신을 공격할 뜻이 없습니다'라는 평화의 사인이기도 하다. 그리고 '당신을 따르겠습니다'라는 영합 행동의 하나라는 면도 가지고 있다.

아질이라는 학자는 상대방과의 친밀감을 높이기 위한 방법으로 가까운 거리, 서로 마주 보기, 화제의 깊이와 함께 웃음을 들고 있다. 어떤 화제로 서로가 눈을 바라보며 웃은 경험이 있을 경우 친밀도가 급속도로 높아진다는 것을 종종 경험한다. 웃음을 계기로 의기투합하는 것이다.

학습이론으로 볼 때 웃는 얼굴은 '보상'의 의미를 갖고 있다. 예컨대 엄마가 '잘했어'라며 웃는 얼굴로 아이에게 칭찬하면 아이는 '엄마가 기뻐하니 기분이 참 좋다'라고 생각한다. 반대로 부모는 아이의 웃는 얼굴을 보면 기분이 좋아진다. 아이에게서 부모에게로 가는 보상인 것이다. 웃는 얼굴은 부모자식 간의 끈을 만들기 위한 신의 순수한 꾀인지도 모른다.

웃음이 면역력을 높인다는 사실은 의학 분야에서 이미 확인되었다. 말기암으로 투병하는 사람에게 코믹 영화를 보여 주었더니 면역력이 높아졌다는 설이 있다. 웃음은 극심한 통증도 완화시키는 효과가 있다. 웃음으로 난치병을 극복한 미국의 유명한 저널리스트는 웃음을 주제로 르포를 쓰기도 했다.

잘 웃는 사람은 친화 욕구가 강한 사람, 즉 사람들과 함께 있고 싶고, 마음을 나누고 싶은 사람이다. 긴장이 완화되어 있고 여유 있는 사람이 자주 웃는다.

반대로 평소 웃음이 적은 사람은 긴장감이 감도는 생활을 하는 사람이다. 경쟁심이 강하고, 주위 사람을 라이벌로 보며 '24시간 계속해서 뭔가와 싸우고 있는 사람'이다. 일을 좋아하고, 남을 도와주기를 좋아하며, 호기심이 왕성하고, 조금도 가만히 있지 못하는 타입 A의 사람일 가능성도 높다.

호탕하게 웃는 사람은 어떨까? 말 그대로 사소한 일에 사로잡히지 않고 호걸과 같은 인물이라고 생각하기 쉽다. 진심으로 웃고 있다면 그럴지도 모르지만 뭔가 고의적인 웃음, 무리하게 웃고 있는 느낌이

든다면 심약한 마음을 드러내고 있는 것이다. 일부러 남자다움, 호쾌함을 어필하고자 하는 것은 그 이면에 열등감과 불안감이 있기 때문이다. 그런 웃음은 어딘가 진실성이 배제되어 강압적인 인상을 준다.

작가인 미시마 유키오는 큰 목소리로 호탕하게 웃곤 했는데 그런 웃음이 스스로의 허약함을 감추는 듯한 부자연스러움을 느끼게 한다고 고백한 적이 있다.

06

억지웃음과 진정한 웃음을 구별하는 법

웃음은 친밀감을 연출하는 도구로 사용되기 때문에 사람에 따라서는 상대방에게 아첨하기 위해서도 웃음을 이용한다. 이른바 알랑방귀 웃음, 추종 웃음, 간살웃음이다.

컴퓨터로 얼굴을 분석해 진정한 웃음과 억지웃음의 차이를 밝혔던 적이 있다. 실험 결과에 따르면 정말로 우스워서 웃을 경우에는 입이 먼저 웃고, 그 다음 눈이 웃는다고 했다. 입과 눈에 시간 차가 있는 것이다. 그런데 알랑방귀 웃음은 눈과 입이 동시에 웃는다고 한다.

표정으로는 웃고 있는 것처럼 보이는데도 '눈이 웃지 않는 경우'가 있다. 당사자는 웃음을 짓고 있다고 생각하지만, 눈이 웃지 않기 때문에 묘한 느낌을 준다.

일반적으로 즐거움은 입 주위에서 90% 이상이 표출되고, 거기에 눈웃음이 더해진다. 그 점을 알고 있기 때문에 대부분의 사람은 웃는 얼굴을 만들려고 하면 무엇보다 입을 가로로 넓히는 것을 의식한다. 그러나 그것만으로 끝나 버린다. 눈까지는 신경이 미치지 못하는 것이다.

　게다가 진심으로 웃을 때는 얼굴만 웃는 게 아니다. 몸 전체로 웃는 듯한 느낌을 주게 된다. 어린아이가 "저 아저씨 웃는 얼굴이 이상해요"라며 억지웃음을 간파하는 것은 무의식중에 전신을 보기 때문이다.

진심으로 웃는 경우에는 입이 웃고 약간의 시간 차를 둔 뒤 눈이 웃는다 그리고 몸 전체가 웃고 있다는 느낌이 든다

07

흡연이나 껌 씹기가
심리 안정에 효과가 있을까?

운동 경기 중에 선수들이 종종 껌을 씹고 있는 모습을 보게 된다. 그런데 만약 우리 편이 지고 있는 상황에서 그런 모습이 보이면 그 선수는 팬들로부터 거센 비난을 받기도 한다. 경기 도중에 선수가 껌을 씹고 있는 것을 보고 "불성실하다" "진지하지 못하다"라며 시청자들이 항의하는 사태가 벌어지는 것이다. 그래서 어떤 선수는 나중에 "긴장감을 완화시켜 주기 때문에 좋은 경기를 하기 위해서 껌을 씹었다"라고 해명하기까지 했다.

경기 태도가 성실하게 보이느냐 불성실하게 보이느냐를 떠나서 그 선수가 취한 방법은 심리학에서 보면 이치에 합당한 것이다. 뭔가를 씹는 행위는 분명히 긴장을 완화시켜 주는 효과가 있기 때문이다.

껌을 씹는 일은 심리적인 효과로 말하면 갓난아기가 손가락을 빠는 것과 같은 일이며, 그 흔적이다. 손가락 빨기는 단순히 공복감을 해소하기 위한 것만이 아니다. 손가락을 빠는 행위는 일종의 안도감이 생기는 심리 효과를 가져온다. 그것은 엄마의 젖을 빨 때의 안도감과 같다. 즉 손가락을 빠는 것은 엄마의 팔에 안겼을 때의 애정과 편안함을 느끼려 하는 행위이다.

껌을 씹는 일은 손가락 빨기의 대상 행위로써, 그 선수의 말처럼 '긴장감을 완화시켜 주는 효과'를 가져온다. 말하자면 손가락 빨기 대신에 껌을 씹은 것이다.

스트레스가 쌓이면 마구 먹어 대는 사람이 있다. 이런 경우는 특히 여성에게 많이 보이는데, 그것이 과식증의 계기가 되는 일도 있다. 이런 사람은 공복을 채우기 위해 먹는 것이 아니다. 입에 뭔가를 넣고 입 속에서 굴리는 일의 기분 좋음, 즉 만족감을 얻고자 하는 것이다. 형태만 달라진 손가락 빨기라고 보면 된다.

담배를 피우는 일도, 입에 뭔가를 넣는다는 점에서 보면 손가락 빨기와 같은 심리적인 의미이다. 애연가가 금연을 할 때 느끼는 허전함과 불안감은 뒤집어 생각하면 담배를 입에 물음으로써 허전함이나 불안감을 해소시켰다는 것을 뜻한다.

바꿔 말하면 항상 껌을 씹는 사람, 애연가, 항상 뭔가를 먹고 있는 사람은 긴장감과 스트레스, 불안감 속에서 생활하고 있다고 추측할 수 있다.

08

혀 내밀기의 여러 가지 사인

눈 아래를 손가락으로 눌러 당기며 혀를 내민다. 아이들이 자주 하는 행동이다. 이 제스처는 과거부터 지금까지 오랜 시간 동안 전해져 온 행동이다.

여기에는 '싫어요'라는 거부의 의미가 담겨 있다. 상대방을 놀리거나 무시하는 의미도 담겨 있다. 혀를 낼름 내미는 것도 같은 의미다.

우리는 뭔가에 열중해 있을 때 가볍게 혀를 내미는 경우가 있다. 이것은 '날 방해하지 말아 줘' 이런 마음을 나타내는 무의식적 행동이다. 다른 논리에 따르면 젖먹이 아기가 배가 부르면 엄마 젖을 입으로 밀어내는 것과 같은 의미를 가졌다고 한다. 배가 부르다는 사인이자 '거절'을 의미하는 것이다. 대화하는 상대의 입가에서 혀끝이 엿보인다면 거절의 사인일지 모른다.

그런데 입술로 입가를 핥는 행위는 어떤 사인일까? 단순히 입술이 말라서 그렇게 하는 경우도 있겠지만 혀를 내민다는 점에서는 '노No'의 사인이다. '이제 그만 내 말을 하고 싶다'라는 어필의 가능성도 있다. 혀로 입술을 적시는 것은 말하기 전의 준비단계이기도 하기 때문이다.

껌 씹기가 손가락 빨기의 대상 행위라고 생각하면 입가를 핥는 것도 불안감과 긴장, 스트레스를 느끼고 있다는 표시라고도 할 수 있다. 그리고 빈도수가 높을수록 그 의미는 강해진다.

혀를 내미는 것은 '나를 참견하지 말아 달라'는 무의식적인 행동

재미있는 심리 이야기 6

이상 성격자의 10가지 타입

▶▶▶▶ 심각한 범죄를 저지르는 사람 중에는 '정신병질精神病質'을 앓고 있는 사람이 상당한 비율을 차지하고 있다.

정신병질은 독일의 정신의학자인 슈나이더가 제창한 설로 정신병은 아니지만 자신도 괴롭고 사회에도 폐해를 가져오는 이상한 성격을 말한다.

슈나이더는 정신병질을 10가지 타입으로 분류하고 있다.

1. 의지박약자 : 쉽게 싫증을 잘 내고 한 가지 일을 지속하기가 어려운 성격. 특별한 이유 없이 직장을 옮겨 다니는 경향이 있다. 절도범에게 많다.

2. 발양자發揚者 : 항상 기분이 고조되어 있고 활동적이고 적극적이다. 반면에 쉽게 흥분하고 경솔한 면을 가지고 있다.

3. 폭발자 : 쉽게 이성을 잃고 폭력을 휘두르는 타입. 말보다 손이 먼저 나간다. 폭력의 정도가 심한 경우는 살인을 저지르기도 한다.

4. 자기 현시자 : 남의 눈에 띄기를 좋아하며 허영심이 강하다. 정도가 심하면 자기 현시욕을 채우기 위해서 아무렇지도 않게 거짓말을 능사로 한다.

5. 감성 결여자 : 수치심과 타인에 대한 동정심 등 인간다운 감정을 거의 갖고 있지 않다. 잔인한 범죄를 냉혹하고 비정하게 저지르는 범죄자 타입이다.

6. 광신자 : 특정 믿음을 실현하기 위해서 모든 것을 내건다.

7. 기분 이변자 : 주기적으로 기분이 안 좋아지는 타입으로 쇼핑 절도나 방화 등의 범죄를 일으키는 일이 있다.

8. 자신감 결여자 : 자신감이 없고 남의 평가에 지나치게 신경 쓴다. 병적이 되면 망상으로 이어진다.

9. 억울자 : 매사가 비관적이고 불쾌하다.

10. 무력자 : 항상 몸이 안 좋음을 호소하고 무기력한 생활을 한다.

이 10개 항목 중에 당신의 주변 사람이나 자신에게 해당하는 부분이 상당히 있지 않은가?

제3장

눈으로 파악하는 상대의 심리

초능력자는 아니지만 현재 앞에 있는 사람이 무슨 생각을 하는지
척척 맞출 수 있다면 얼마나 재미있을까.
상대방을 놀라게 할 뿐 아니라 경우에 따라서는 대화의 주도권을 잡고
상대를 내 뜻대로 컨트롤할 수 있을지 모른다.

01

눈은 입만큼 많은 말을 한다

'눈은 입만큼 많은 말을 한다' '눈은 마음의 거울'이라고 표현하듯이 눈, 즉 시선은 사람의 심리 상태와 성격을 보여 준다.

원래 눈은 정보의 유입과 그것에 대한 반응 역할을 한다. 정보의 유입이라는 것은 눈앞의 대상에 관련한 각종 정보를 자기 안으로 받아들이는 일이다. 상대방의 표정과 인상, 복장, 손짓, 몸짓 등으로 상대방에 대한 어떤 판단을 내린다. 보는 것은 판단 재료를 모으기 위한 중요한 수단이다. 게다가 상대방에 대한 관심과 호의 정도에 따라서 시선을 맞추는 방식이 달라진다.

상대방에게서 정보를 얻으면 그것에 대한 반응을 보이는 일도 눈이 하는 역할 중 하나다. 이것이 정보의 반응이다. 눈의 이러한 작용은 서로 원활한 커뮤니케이션 소통을 위해서 중요한 의미를 갖는다.

모르는 사람과 전화로 대화하기가 어려운 이유는 눈에 의한 정보 유입은 물론이고 서로 사인을 주고받기가 어렵기 때문이다. 상대방의 표정이 보이지 않고, 자신의 반응도 전달하기가 어렵다. 예컨대 우리는 자신의 이야기가 끝맺을 순간이 다가오면 무의식중에 시선을 돌린다. 그렇게 하면 상대방은 '이젠 내가 얘기할 차례구나'라고 감지해서 자신의 말을 시작한다. 심리 실험에서도 그런 사인을 눈 동작으로 주고받음을 알았다. 하지만 전화 통화의 경우, 시선을 주고받을 수가 없고 얘기를 이어받을 타이밍을 계산하기가 어렵다. 그래서 대화가 힘들어지는 것이다.

시선을 별로 마주치지 않는 사람과 대화하기가 어려운 것도 같은 이유에서 비롯된다.

02

시선으로 아는
좋음과 싫음의 메시지

　일반적으로 시선을 맞추는 일은 상대방에 대한 호의와 관심을 전달하는 플러스 의미의 몸짓이다. 상대방에게 호의와 관심을 갖고 있으면 자연스럽게 상대방의 눈을 보게 된다. 눈길을 받은 측은 상대방이 자신에게 호의와 관심을 갖고 있다고 느낀다. 눈을 맞추는 횟수와 시간이 길수록 호의와 관심의 정도가 강한 것이 보통이다.

　반대로 시선을 맞추지 않는 일, 혹은 시선을 피하는 일은 마이너스의 의미를 지닌 몸짓이다. 당신이 말을 하고 있을 때 딴 곳을 보는 사람은 당신에게 호의적이라고 할 수 없다. 당신이 발신하는 정보를 받아들일 의사가 없는 것이다. '저는 당신을 좋아하지 않아요' 또는 '당신의 얘기를 듣고 싶지 않아요'라는 사인이다.

　시선을 맞추지 않는 것은, 자신은 정보를 발신하고 싶지 않다는 경계의 의미와도 관련이 있다. '당신에게 하고 싶은 말이 없어요'라는 표현이다. 극단적으로 말하면 '당신과는 아무 관련을 맺고 싶지 않아요'라는 무관심, 혐오감, 적대감을 나타내는 메시지인 것이다.

대화가 순조롭게 진행되고 있는데도 상대방이 조금씩 시선을 돌리는 것 같으면, '그만 대화를 끝내고 싶다'라는 마음, 혹은 '당신의 의견에 찬성할 수 없다'라는 의사 표현임을 알아야 한다.

세밀하게 잘 관찰하면 시선 맞추기와 시선 피하기의 중간 행동인, 상대방을 잠시 바라보다가 금방 시선을 돌리거나 얼굴은 옆을 향하고 있으면서 눈으로만 보는 '곁눈질'도 있다. 이런 태도는 혐오감을 나타내고 있다고 생각하는 게 좋다. 때로는 무시의 사인이기도 하다. 아래쪽을 향해 보는 곁눈질이라면 무시하는 정도는 한층 심하다고 생각해도 좋다.

상대방이 시선을 맞추지 않으면 화제를 바꾸는 것이 현명하다

03

대화 도중 상대의 눈을 뚫어지게 바라보는 이유는?

　두 사람이 대화에 열중하고 있는 도중에 시선을 나누는 방법에는 일정한 패턴이 있다. 대화를 시작할 때는 상대방의 얼굴을 잠깐 쳐다보고 나서 입을 연다. 상대방의 동의를 얻고자 하는 의미가 담겨 있다. 그리고 상대방의 얘기가 끝났는지, 안 끝났는지를 판단하기 위한 것이기도 하다.

　대화에 열중해 있는 동안에는 듣는 사람의 눈을 바라보거나, 시선을 피하기도 한다. 계속해서 시선을 피하거나, 반대로 상대방만을 뚫어지게 응시하는 경우는 적다. 어느 쪽이든 한 가지 상태가 오래갈 때는 듣는 사람에게 부자연스러운 느낌을 준다.

　그리고 자신의 얘기가 결말에 가까워지면 듣는 사람에게로 시선을 돌린다. 자신이 말한 내용이 전달되었는지, 상대가 어떻게 평가하고 있는지, 자신의 얘기가 어떤 효과를 가져왔는지, 이런 것들을 확인하기 위해서다. 동시에 듣는 사람에게 '이제 당신 얘기를 시작하라'는 재촉의 사인이다.

한편 듣는 사람은 대체로 말하는 사람에게 시선을 맞추고 있다. 시선의 캐치볼이 자연스럽게 이뤄지고 있는 것이다.

자신이 말할 때 듣는 사람의 눈을 계속 바라보는 사람은?
- 자신의 행동에 자신감이 없다
- '상대방을 지배하거나 설득하고 싶다'라는 뜻이 담겨 있다

듣는 사람이 눈을 맞춰 오면 '이번에는 내가 얘기할 차례입니다'라는 신호를 보내고 있는 것이고, 말하는 사람이 눈을 맞춰 오면 '이젠 당신이 얘기할 차례입니다'라고 눈으로 말하는 것이다. 서로 그 사인을 읽기 때문에 말하는 사람, 듣는 사람의 역할 교대는 순조롭게 진행된다. 어느 정도 친밀한 사이라면 이런 캐치볼 눈 사인이 지극히 자연스럽게 이뤄진다.

그러나 이런 패턴에서 벗어나는 경우도 있는데 자신이 말하고 있는 도중에 듣는 사람의 눈을 계속해서 보는 사람이 있다. 상대방이

어떤 반응을 하는 것인지 자신의 얘기가 끝날 때까지 기다리지 못하는, 자신의 행동에 자신감이 없는 사람에게 이 경향이 강하다. '상대방을 지배하고 싶다, 설득하고 싶다'라는 강한 의사를 갖고 있는 경우에도 대화 도중에 듣는 이를 응시하는 일이 많다.

반대로, 대화하는 가운데 시선을 산만하고 바쁘게 움직이는 사람이 있다. 신경질적이고 불안감이 많은 사람이다. 끊임없이 주위를 살피고, 이쪽저쪽으로 시선을 움직이지 않으면 침착할 수가 없다. 그런 만큼 당신에 대한 집중도는 떨어지기 때문에, 그런 사람과 대화할 때는 얘기의 내용이 정확하게 전달됐는지를 확인하는 게 좋다.

04

시선을 맞추고 대화하는 것은 사기꾼의 수단

시선이라는 것은 자연스러운 대화 속에서는 특별히 의식하는 일이 없지만, 뭔가 박자를 의식하기 시작하면 신경이 자꾸 쓰이게 되어 있다. 그러면 순간적으로 불안정한 심리 상태가 된다. 그 점을 일부러 교묘하게 이용하는 사람도 있다.

영어 교재를 판매하는 남자에게서 '상대방여성을 커피숍으로 불러낼 수만 있다면 일단 그 거래는 성공한 것이다'라는 말을 들은 적이 있다. 그에 의하면, 커피숍에서는 여성의 눈을 계속해서 바라보면서 얘기하는 것이 포인트라고 한다. 외국 여행권을 추첨 선물로 준다고는 하지만 몇십만 엔이나 하는 교재를 정말로 사게 할 수 있을까?

그러나 사실 마음의 메커니즘으로 보면 이러한 세일즈맨의 방식은 상당히 효과적이다. 누군가 자신을 계속해서 바라보면 그 사실 자체에 신경이 쓰여 대화의 내용에 집중하기가 힘들어진다. 상대방은 프로이기 때문에 물 흐르듯이 자연스럽게 교재의 좋은 점을 술술 얘기하겠지만, 그 속에는 과장도 있을 것이고 때론 거짓말도 섞여 있다.

세심히 들으면 앞뒤가 서로 모순되는 말이 있을지 모른다.

하지만 이쪽여성은 상대방이 자신을 계속 응시하고 있기 때문에 얘기에 집중하는 척만 하지 사실은 집중하지 못한다. 일순간이라고는 하나 연애감정과 거의 비슷한 감정이 싹트는 것인지도 모른다.

여성에 따라서는 '이 사람이 나에게 비즈니스 이상의 감정을 품고 있는 게 아닐까?'라는 동요에 빠진다. 업무상 태도인지 특별한 감정을 보이는 것인지 혼란스러울 때는 상대방의 얘기가 귀에 안 들어온다. 상대방이 외모가 근사한 남성이라면 그 효과는 더욱 커질 것이다.

상대방과 눈을 마주친 상태에서는 곰곰이 생각할 수가 없다는 것은 평상시 경험을 떠올려 보면 쉽게 알 수 있다. 당신은 대화 도중에 상대의 얘기에 의문점이 생겨서 그것을 정리해서 생각하려 할 때, 상대방으로부터 시선을 돌리지 않는가? 눈이 마주친 상태에서는 생각에 몰두하기가 어려운 것이다. 상대방이 열심히 이쪽을 보고 있을 때 시선을 돌리는 것은 '상대방의 기분을 상하게 할 수 있다' '상대방에게 실례다'라는 의식이 작용한다. 그래서 상대방을 보게 되고 더더욱 교묘한 술수에 말려드는 것이다.

시선을 맞추는 일은 호의적인 표현임에는 틀림없지만, 상대방이 좋지 않은 의도를 갖고 있다는 생각이 들 때는 특히 주의가 필요하다.

재미있는 심리 이야기 7

화장실의 제일 안쪽 변기가 인기 폭발인 이유

▶▶▶▶ 지하철역이나 큰 빌딩의 화장실. 줄줄이 늘어서 있는 변기들 중 이용 빈도가 가장 높은 것은 어느 위치에 있을까?

들어가기 쉽고 나오기 쉬울 뿐 아니라 가장 사용하기 편한 입구에서 제일 가까운 변기를 사용할 것 같지만, 인간의 심리라는 것은 반드시 그렇지만은 않다.

도쿄에 위치한 대형 빌딩의 남자화장실에서 조사한 결과, 일렬로 늘어서 있는 다섯 개의 변기 중 가장 이용 빈도가 높은 것은 입구에서 가장 먼 쪽이라는 결과가 나왔다. 그 다음에 자주 사용되는 것은 안쪽 변기에서 첫 번째 내지 두 번째 건너에 있는 변기이고, 가장 이용 빈도가 낮은 것은 가장 편리할 것 같은, 입구에서 제일 가까운 변기였다.

사람들은 화장실이 비어 있을 때도 타인이 들어올 가능성이 낮은 안쪽 변기를 가장 많이 사용한다. 사람들로부터 멀리 떨어져서 자신의 퍼스널 스페이스Personal space를 지키고 싶다는 심리에서 나온 행동이며, 이것을 '외딴섬의 원칙'이라고 부른다.

한편 입구에서 두 번째, 세 번째 변기의 이용 빈도가 높은 것은, 가장 안쪽은 이미 사용되고 있는 경우가 많기 때문이고, 그곳에서 가능한 한 떨어진 위치를 선호하기 때문이다. 여기에도 퍼스널 스페이스의 원리가 작용하고 있다.

입구에서 가장 가까운 위치를 멀리하는 것은, 사람이 출입할 빈도가 높은 점과 세면대에 가깝기 때문이라고 생각한다.

그렇다면 여자화장실도 남자화장실과 원칙이 같은가 하면 그렇지는 않다. 여자화장실에서는 중앙 부분의 이용 빈도가 가장 높고, 칸의 간격도 남자화장실만큼 큰 차이는 없다. 개별적으로 사용하도록 되어 있다는 점을 고려해 볼 때 남성과의 차이가 확연하다.

05

응시는 때로 위협이 된다

　시선을 맞추는 시간이 길면 응시가 된다. 서로 호의를 가진 커플이라면 '서로 바라보는 관계'이고, 응시는 애정의 표현이다. 단, 상황에 따라서 응시는 전혀 다른 의미를 갖는다.

　노려보는 일은 위협과 적의, 불쾌감을 나타낸다. 싸움을 시작하기 전 눈싸움부터 하는 것이 여기에 해당한다. 서로 노려보며 물러서지 않는다. 이때 먼저 시선을 돌리는 쪽이 마음이 약해졌거나, 혹은 복종의 의사를 나타낸다는 의미가 된다.

　상사가 부하를, 부모가 아이를 꾸짖을 때도, 강한 눈빛으로 잠자코 상대방을 바라볼 때는 상대방을 복종시키겠다는 의지의 표현이다. 그리고 부하와 아이같이 꾸지람을 받는 측이 상대방을 밑에서 올려다보듯 쳐다본다면 반항심을 어필하고 있는 것이다. 이것은 불에 기름을 끼얹는 것과 같아서 꾸짖는 쪽의 감정을 한층 더 격앙시킨다.

　눈을 맞추는 일이 위협을 나타내는 것은 사람보다 동물 사이에서 더 강하게 나타난다. 일본에 있는 야생 원숭이 센터에는 '원숭이와 눈을 맞추지 말라'라는 경고문이 붙어 있다. 눈이 마주치면 원숭이가 공격해 오기 때문이다. 숲속에서 산짐승을 만나면 눈을 보지 않는 것이 공격을 피하는 길이 되기도 한다.

비둘기와 까마귀의 배설물 피해를 줄이기 위해서 눈동자 모양의 풍선을 처마 밑에 매달아 놓는 것도 시선이 가진 '위협'의 성질을 십분 이용한 지혜이다.

부자연스러울 만큼 지그시 바라보는 사람이 있다. 이쪽이 말하고 있는 동안에 일순간도 시선을 떼지 않는다. 불편하게 느껴질 만큼 계속해서 응시한다. 그렇다고 호의를 보이는 인상도 아니고, 이쪽의 얘기를 감동해서 듣고 있는 것처럼도 보이지 않는다. 이런 부자연스런 응시는 긴장감이 극도로 높은 사람, 불안감이 강한 사람에게서 흔히 볼 수 있는 현상이다.

06

시선을 맞추는 방법으로 성격 파악하기

시선을 맞추는 방법으로 성격을 파악할 수 있을까? 흔히 시선을 맞춰 오는 사람은 다음과 같은 성격의 소유자라고 생각한다.

★ **외향적인 성격의 사람**

상대방에 대한 관심이 높기 때문에 상대에 관한 정보라면 무엇이든 흥미 있게 받아들인다. 반대로 내향적인 성격의 사람은 관심이 타인이 아니라 자신을 향하고 있기 때문에, 눈앞의 상대에게 시선을 맞추는 일이 적다. 그런 탓에 겉보기에는 마음이 약하고 온순한 성격처럼 보이지만, 내면은 그렇지만도 않다는 것은 이미 앞에서 말한 바 있다.

★ **친화 욕구가 높은 사람**

이런 사람도 시선을 자주 맞춘다. '항상 사람들과 함께 있고 싶고 대화하고 싶다'라는 욕구가 강한 탓에 상대방을 바라보는 일이 많아지는 것이다. 당신에게 동의한다는 듯한 인상을 주며 '의지하려는 듯한 눈빛' '끈적끈적한 눈빛'을 보내는 사람은 친화 욕구가 높은 사람이라고 생각해도 좋다.

★ **매사에 불안감을 갖고 있는 사람**

이런 사람은 상대방이 어떤 심리 상태에 있는지, 자신과 대화를 나누면서 어떤 일을 생각하고 있는지 늘 신경 쓴다. 그리고 상대방에 관한 정보를 수집하고자 하기 때문에 필연적으로 시선을 맞추는 횟수가 많아진다.

★ **지배 욕구가 강한 사람**

'설득하기 위해서는 상대의 눈을 보며 말하라'라는 말도 있듯이 어떤 형태로든 상대방을 자신의 페이스로 끌어들이고 컨트롤하고 싶은 사람은 일부러 시선을 맞춘다. 의식해서 시선을 맞춘다는 점에서 무의식적으로 맞추는 시선과는 차이가 있다. 성격적으로 상대방을 자신의 뜻대로 조종하고 싶다는 욕구가 강한 사람이다.

이처럼 시선을 맞추는 사람이라도 성격에는 제각기 차이가 있다. 그 부분에 대해서는 시선 이외의 언행으로 판단할 수밖에 없을 것이다.

07

여자를 외면하는 남자는 여자를 싫어해?

우리는 흥미 있는 일, 관심 있는 대상을 보면 자연스럽게 눈길이 간다. 다르게 표현하면 뭔가를 보는 일은 자신의 흥미와 관심이 어느 쪽인가를 표출하는 것이 된다. 극단적으로 말하면 시선의 움직임은 자신의 속마음을 드러내 보이는 일이 되기도 한다. 그러나 이 점을 지나치게 의식하면 관심이 가는 대상에게 오히려 눈길 주기를 회피한다.

예를 들어 보자. 여성에게 강한 관심을 갖고 있는 사춘기 남자아이는 오히려 여성을 쳐다보지 않으려고 한다. 자신의 욕구가 노골적으로 드러나는 것을 피하려는 의도이다. 여성에 대한 관심이 주위에 알려질까 두려워해서 아예 쳐다보지 않는 것이다. 동성애 욕구를 가진 남자도 그 사실이 겉으로 드러날까 두려운 나머지 남성과의 시선을 오히려 피하는 경우도 있다.

세 명 이상의 사람들이 그룹으로 대화하고 있을 때 부자연스럽게 특정인을 보지 않고, 그 사람 쪽을 향해 얘기하지 않는 사람은 상대에게 강한 관심을 갖고 있을 때가 있다. 그러므로 누군가 당신을 보는 것을 의도적으로 피한다면 '이 사람이 나를 안 쳐다보는 건 나를 싫어하기 때문이다'라고 생각하는 것은 섣부른 판단이 될 수도 있다. 상대의 태도가 언짢다고 이쪽도 상대방에 대해서 부정적인 태도를 취하면 친해질 만한 싹을 사전에 잘라 버리는 결과가 될지도 모른다. 인간관계에서 지레짐작은 금물이다.

08

눈 마주치기가 두려운 이유

일본의 사회심리학자 타다시는 『눈매의 인간관계』라는 책 속에서 자신이 이탈리아에서 살았던 경험을 들며, 이탈리아는 '시선을 맞추는 문화'이고 일본은 '시선을 피하는 문화'임을 실감했다고 밝혔다. 이탈리아를 서양으로 확대 해석해도 마찬가지 아닐까.

가끔 서양인과 대화할 때면 유난히 눈을 똑바로 바라본다는 것을 느낀다. 그들의 직시는 우리에게는 너무 강하게 느껴진다. 상대의 눈을 똑바로 바라보는 습관이나 문화가 우리에겐 없기 때문이다. 오히려 눈과 눈을 마주치는 것을 '상대방에게 실례되는 일'이라고 해서 피하는 경향이 강하다.

원래 동양권 문화에서는 사물을 보는 것에 대해서 서양에는 없는 독특한 의미 부여를 한다. 영어 단어를 생각해 볼 때 look·see·sight·gaze 등의 단어는 구별이 있기는 하지만 이것들은 단순히 견해 차이에 지나지 않는다.

반면에 한국어와 일본어에는 '노려보다' '흘겨보다' '힐끔 쳐다보다'

'멍하니 보다' '넋을 잃고 보다' '곁눈질' '치뜨고 보다' 등 보는 것에 관해서 여러 가지 방법과 세밀한 뉘앙스의 차이를 표현하는 말이 많다. 시선 교환은 단순한 정보 교환이 아니라 상대방과의 관계를 시사하는 의미를 갖고 있는 것으로 해석해도 무방할 정도이다.

또한 상대방을 물끄러미 바라보는 것에는 '탐색하다' '의심하다' '위협하다' '공갈하다' 등 여러 가지 부정적인 요소의 의미가 강하게 들어 있다. 시선을 맞추는 일은 이러한 의미를 전달하기 때문에 예의에 어긋나는 것으로 받아들이는 것이다. 또한 시선을 받는 측도 타인의 시선에서 부정적인 의미를 읽으면 불쾌해질 것이 분명하다.

이유가 어떻든지 원래 우리는 시선에 대해서 의식하는 문화에서 자라왔다. 상대방을 물끄러미 바라보는 것은 상대방을 탐색하는 일이고, 실례를 범하는 행동이라고 생각한다. 반대로 상대방에게 그런 시선을 받는 것은, 자신이 탐색당하는 것 같아서 불쾌한 긴장감과 불안감을 느낀다. 많든 적든 우리에게는 누구나 그런 심리가 작용하고 있다.

이런 경향이 확대되어 눈을 마주치는 일이 거의 없어지거나, 상대방의 시선에 공포심을 느끼게 된다. 이것을 '시선 공포'라고 하며, 우리 특유의 병리 현상으로 구분 지을 수 있다.

시선 공포의 구체적인 증상은 사람에 따라 다르다. 타인의 눈을 바라보지 못하는 사람이 있는가 하면 남들의 시선을 받는 일에 강한 공포심을 느끼는 사람도 있다. 후자의 경우, 남들이 자신을 보고 있다는 사실을 확인하기가 두렵기 때문에 결과적으로 자신도 사람들을 볼 수 없게 된다.

또한 남의 눈을 볼 수는 있으나 일단 눈이 마주치면 외면할 수 없다는 형태의 시선 공포도 있다. 마주친 시선을 외면하는 일은 부정적인 행동이고, 상대방에게 실례가 아닐까 하는 마음이 강하게 작용하기 때문에 계속해서 물끄러미 바라보는 것 외에는 다른 움직임을 취할 수 없는 것이다. 이것도 본인에겐 상당한 고통일 것이다.

시선 공포는 대인 공포, 대인 불안의 하나라고 할 수 있다. 남들의 눈을 보는 데 과잉 의미를 부여하는 점에서는 관계 망상의 하나라고도 할 수 있다.

시선 공포가 아니라도 시선을 외면하는 타이밍을 잘 못 맞추는 사람도 있다. 우리는 보통 시선을 맞추거나 피하는 일로 불쾌감을 주지 않을까 일일이 신경 쓰지는 않는다. 그 점을 너무 마음에 두면 타이밍을 놓쳐서 다른 곳으로 시선을 돌리기가 어려워진다.

눈을 마주치는 방법, 피하는 방법이 극단적으로 부자연스러운 사람은 시선 공포까지는 가지 않더라도 대인관계에 대해서 강한 불안감을 품고 있다고 할 수 있다.

09

여성의 눈길을 관심으로 착각하지 마라

남성들 중에는 여성이 눈길을 주면 두근거리는 가슴을 억누르며 '혹시 내게 관심이 있는 게 아닐까?' 생각하는 경우가 비일비재하다. 특히 상대방이 미인이면 더욱더 그렇게 믿고 싶어지면서 일종의 자부심마저 생겨난다.

하지만 남성 독자에게 충고해 두건대, 여성의 시선은 시선 자체보다 내재된 성격을 잘 판단하는 게 중요하다. 일반적으로 남성보다 여성이 상대방에게 시선을 자주 맞추기 때문이다. 이것은 여러 번의 실험을 거쳤는데 모두 똑같은 결과가 나왔다.

즉 시선을 맞추는 횟수도, 시선을 맞추고 있는 시간도, 남성보다 여성이 훨씬 많고 길다. 여성은 남성에 비해서 약한 존재이기 때문에, 살아남기 위해서는 남성이 내보내는 정보를 가능한 한 많이 받아들여서 자신의 행동을 결정해 왔기 때문인지도 모른다.

어쨌거나 여성의 눈길을 받는다고 해서 그 여성이 자신에게 특별한 호감을 갖고 있다고는 단정할 수 없다. 자기 멋대로 착각하는 것은 여성에게도 불편한 일이다.

시선을 맞추는 방법은 지역과 연령에 따라서 차이가 있다. 상대방의 시선을 정확하게 읽는 데 도움을 주고자 다음의 사례를 소개한다.

미국의 대도시 필라델피아에 위치한 식료품점과 그 근교의 작은 마을에 위치한 식료품점을 실험 공간으로 정했다. 그리고 두 가게에 오는 사람들을 대상으로 다음과 같은 심리 실험이 이뤄졌다.

가게의 입구에 실험자가 서서 손님이 3미터 위치까지 다가오면 상대방의 눈을 보며 반응을 조사했다. 그 결과, 시선을 맞춘 사람의 비율은 대도시에서는 약 20%였지만, 작은 마을에서는 약 80%에 이르렀다. 게다가 그 작은 마을에서는 놀랍게도 26%의 사람들이 "제게 무슨 용건이라도 있습니까?"라고 말을 걸어왔다. 거기에 반해서 대도시에서 말을 건 사람은 겨우 3%에 불과했다.

연령별로 보면 15세 이하와 51세 이상의 사람이 다른 연령에 비해서 시선을 마주치는 비율이 높은 사실도 알아냈다.

이쪽에 시선을 맞추는 것은 호의의 사인이기 때문에 시골 마을 사람, 어린이와 고령자는 친절한 마음을 갖고 상대를 대했던 것이다.

어려운 일에 빠져 도움을 구할 일이 생길 때 이 실험 결과에 입각해서 사람을 고르는 것도 한 방법이 될 수 있다.

10

선글라스를 애용하는 남자의 심리

여름도 아니고 햇빛이 따가운 낮도 아닌데, 게다가 눈이 나쁜 것도 아니면서 선글라스를 벗지 못하는 사람이 있다. 주위에서 이런 사람을 보면 왠지 위압감을 느끼고 멀리하고 싶어진다. 이런 위압감, 위협의 효과를 극대화할 때 선글라스는 적합한 도구인지도 모른다.

이와 관련해서 미국에서 흥미로운 실험을 했다.

평소 사람들 앞에 서면 우물거리듯 말하거나, 더듬거리거나, 똑같은 말을 두 번씩 하는 일이 많은 사람에게 선글라스를 쓰게 했더니 비교적 그런 현상 없이 말을 잘하더라는 것이다. 그리고 청중의 뒤쪽에서 말을 하면 오히려 말하기 힘들다는 결론도 얻어 냈다.

청중의 뒤쪽에서 얘기하기가 어려운 이유는 듣는 사람의 반응을 볼 수 없기 때문이다. 뒤에서 얘기하는 것은 사람의 얼굴을 보지 않고 있기 때문에 긴장을 완화시키는 효과는 있지만 듣는 사람으로부터 정보를 얻을 수가 없다. 상대방이 자신의 말을 듣고 있는지 안 듣고 있는지, 재미있어 하는지 지루해하는지, 감동하고 있는지 반발하고 있는지 도무지 알 수가 없다. 그래서 말하기가 힘들어지는 것이다.

　선글라스를 끼면 말하기가 쉬워지는 것은 상대방에게 자신의 눈을 숨겼다는 게 이유일지 모른다. 자신을 상대방에게 보이지 않고 일방적으로 상대방을 볼 수 있다면 심리적으로 우위의 입장에 선다. 그 점이 여유를 불러와 말하기가 쉬워지는 것이다.

　학창시절에 캠핑이나 여행을 갈 때 짙은 선글라스를 썼던 적이 있다. 기차를 타고 자리에 앉았을 때 선글라스를 끼고 있으면 맞은편 좌석의 사람을 아무런 거리낌 없이 관찰할 수 있었다. 일종의 우월감마저 느꼈던 것 같다.

상대방에게 들키지 않고 관찰할 수 있으며
우월감을 주는 '선글라스 효과'

상대방에게 들키지 않고 상대방을 본다는 것은 마치 엿보는 것과 같은 느낌이다. 생각해 보면 그것이 '선글라스 효과'일 것이다. 입장을 바꿔서 생각해 보면 맞은편 좌석에 앉은 사람은 왠지 기분 나쁘지 않았을까.

마라토너 중에서 선글라스를 끼고 달리는 선수가 있다. 진짜 이유는 모르지만 선글라스를 낌으로써 경쟁자와의 심리적인 경쟁에서 우위에 설 수 있음은 틀림없다. 자신의 상태를 들키지 않는 일 자체가 유리한 점으로 작용할 뿐 아니라, 그 점이 상대방을 초조하게 하고 정신적인 압박감을 주는 일이 되기도 한다. 게다가 자신은 상대방을 제대로 관찰할 수 있다.

이렇게 생각하면 눈을 보호한다는 본래의 목적이 아니라, 선글라스를 끼고 있는 사람은 어떤 형태로든 남들보다 우위에 서고 싶어한다는 것을 알 수 있다. 외모에 대한 열등감이나, 그 비슷한 감정을 갖고 있어서 그것을 보이고 싶지 않은 마음이 강한지도 모른다. 그러기에 선글라스 안쪽에는 의외다 싶을 만큼 마음 약한 눈이 감춰져 있는 경우도 많은 것이다.

'눈 깜박거림'에 감춰진 여러 가지 의미

 디즈니 애니메이션에서는 여성의 눈 깜박거림이 종종 등장한다. 긴 속눈썹으로 깜박거림으로써 한층 더 수줍은 애정의 모습을 강조하고, 입가의 미소도 의미를 보강하는 데 이용한다.
 미국의 여성은 정말로 이런 형태로 애정을 나타내는 것인지 모르지만, 우리와는 문화적 코드가 다르다. 우리 일상에서는 눈 깜박거림의 횟수는 애정의 표시보다 긴장감의 지표로 주로 쓰인다. 그 횟수가 잦으면 잦을수록 긴장감이 강하다는 것을 읽을 수 있다.
 미국의 심리학자 토에츠가 재미있는 조사를 했다.
 1988년, 부시와 두카키스가 대통령 자리를 놓고 선거 운동을 치열하게 벌일 때의 일이다. 두 사람이 TV 토론을 했을 때 눈을 깜박이는 횟수를 조사했다. 토론하는 동안 두카키스 쪽이 눈을 깜박거린 횟수가 더 많았다. 보통은 1분에 이십몇 회 정도인데, 두카키스는 그 3배인 육십 회를 넘어섰다. 거기에 비해 부시는 눈을 깜박거리는 횟수가 적었다. 설명하자면 두카키스는 상당히 긴장하고 있었던 것이다. 이런 사소한 차이로 시청자들은 두카키스보다 부시 쪽이 대통령으로서 더 적합하다는 느낌을 받았다고 한다.

눈 깜박거림이 없어지는 일도 있었다. 임신중절 문제에 대해서 질문을 받았을 때, 부시는 일순간 깜박거림을 멈춘 다음 갑자기 다시 눈을 깜박거리기 시작하며 자신의 생각을 풀어 나가기 시작했다. 깜박거림을 멈춘 순간에 질문의 답을 궁리했던 것으로 보여지며, 그런 만큼 중절 문제를 진지하게 받아들이고 있다는 인상을 주게 되었다. 한편 두카키스가 발언할 차례가 되어 대답했을 때, 그의 눈 깜박거림은 보통 때와 다름없었다.

고작 눈 깜박거림 하나로 비약적인 결론을 내는 게 아니냐고 반박할지 모르지만 사소한 동작 하나로 인상은 이처럼 크게 달라진다. 이 선거의 결과는 이미 아는 바대로 부시가 승리했다.

눈 깜박거림이 갑자기 늘어나면 현재 그 사람은 긴장과 불안을 느끼는 화제와 만났다는 얘기가 된다

눈 깜박거림의 많고 적음은 버릇 때문이기도 하지만, 눈을 자주 깜박거리는 사람은 일반적으로 긴장감, 불안감이 많은 성격이라 할 수 있다. 대화 도중에 깜박거림이 갑자기 늘어나면 그 사람에게 긴장과 불안을 가져오는 화제와 만났다고 생각해도 좋다. 아마 숨기고 싶은 일, 피하고 싶은 화제, 예상 밖의 내용 등을 접하게 된 것이다. 인간 심리는 이런 작고 미세한 부분에서 잘 나타난다.

갑자기 눈 깜박거림을 멈추는 것은 생각을 정리하고 있거나, 놀라고 있거나 둘 중의 하나다. 깜박거림이 멈추고 시선이 위를 향하면 십중팔구 생각 중이다.

12

눈동자의 방향으로
상대의 머릿속을 읽는다

　초능력자는 아니지만 현재 앞에 있는 사람이 무슨 생각을 하는지 척척 맞출 수 있다면 얼마나 재미있을까. 상대방을 놀라게 할 뿐 아니라 경우에 따라서는 대화의 주도권을 잡고 상대를 내 뜻대로 컨트롤할 수 있을지 모른다.

　여기에서 잠깐 어린아이를 한번 떠올려 보자.

　뭔가 떠오르는 게 있는가. 그 사이 자신의 눈이 어떻게 움직였는지 생각해 보자. 아마 위를 향하고 있었을 것이다.

　우리는 뭔가 생각에 집중할 때 눈을 일정한 위치에 고정시킨다. 사람에 따라서는 "음, 그러니까……" 이런 말을 하면서 눈동자를 좌우로 움직인다.

　심리 요법을 받은 사람의 임상 사례를 모아 분석한 결과에 따르면, 우리는 생각하는 내용에 따라 눈 위치를 바꿀 뿐 아니라 눈동자의 이동에는 일정한 패턴이 있다고 한다. 분석 결과는 다음과 같이 요약할 수 있다.

다음에 나오는 좌우의 위치는 상대방의 좌우이다. 그러므로 당신 쪽에서 보면 좌우가 반대 위치이다. 또한 오른손잡이인 사람을 전제로 하고 있기 때문에 왼손잡이인 사람에게는 다른 경우가 있다.

1. 눈이 왼쪽 위를 향한다
과거의 체험, 이전에 본 풍경을 떠올리고 있다.

2. 눈이 오른쪽 위를 향한다
지금까지 본 적이 없는 광경을 상상하고 있다.

3. 눈이 왼쪽 아래를 향한다
청각에 관한 이미지(음악과 목소리 등)를 갖고 있다.

4. 눈이 오른쪽 아래를 향한다
신체적인 이미지(육체적인 고통 등)를 갖고 있다.

이것을 이용해 이야기 도중에 상대방이 침묵하고 눈동자를 왼쪽 위(당신이 보았을 때 오른쪽 위)에 고정시키고 있으면 아무렇지 않게, "옛날 일을 회상하고 계시는군요"라고 말을 건네 보자. 그 말을 들은 상대는 분명 깜짝 놀랄 것이다.

위의 4가지 패턴이 어느 정도 맞는지를 확인하기 위해서는 각각에 대해서 다음과 같이 간단한 질문을 해 보면 좋다.

질문 1 "어제 하루 동안 뭘 하면서 보내셨나요?"

질문 2 "천국이란 어떤 곳이라고 생각하세요?"

질문 3 "어린 시절 어머니로부터 들었던 노래가 기억나세요?"

질문 4 "크게 다친 적은 혹시 없나요?"

이 질문들에 대답하는 상대방의 시선은 분명히 패턴대로 움직이는 것을 확인할 것이다.

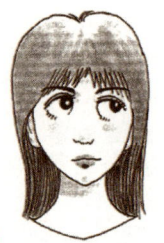 

눈이 왼쪽 위를 향한다
과거의 체험, 이전에 본 풍경을 떠올리고 있다

눈이 오른쪽 위를 향한다
지금까지 본 적이 없는 광경을 상상하고 있다

눈이 왼쪽 아래를 향한다
청각에 관한 이미지(음악, 목소리 등)를 갖고 있다

눈이 오른쪽 아래를 향한다
신체적인 이미지(육체적인 고통 등)를 갖고 있다

제4장

몸동작이 말해 주는
상대의 심리

앉았을 때 얕게 걸터앉는가, 깊숙이 앉아 있는가를 살펴보자.
조금 걸터앉은 자세는 회담을 빨리 끝내고 싶다는 신호다.
상대가 이런 모습으로 앉아 있다면 불필요한 얘기를 꺼내지 말고
곧바로 요점만 얘기하는 게 좋다.

01

대화 도중 듣는 사람이 상체를 앞으로 내미는 이유

미국의 한 실험에서, 어린이들에게 질문할 때 교사는 어떤 자세를 취하는가를 조사한 적이 있다. 실험 결과는 교사가 정답을 기대하고 있는 아이에 대해서 상반신을 앞으로 기울인다는 것을 발견했다. 그것은 상대방에 대한 호의와 기대감을 전달하는 자세라고 해석된다.

또 다른 실험을 해 봤더니 듣는 사람이 흥미를 느꼈을 때는 말하는 사람을 향해서 상체를 앞으로 내민다는 사실이 밝혀졌다. 그리고 말하는 사람 쪽에서 자신이 흥미를 갖고 있는 얘기를 하고 있을 때는 듣는 사람 쪽으로 상체를 내밀고 다리는 뒤로 뺀다고 한다.

이렇게 사람은 흥미와 관심의 정도, 호의의 유무, 말할 때의 열성에 따라 자세를 달리한다.

앞에 앉은 사람이 당신을 향해 상체를 앞으로 기울이는 자세를 취한다면, 그 사람은 당신에게 호의를 갖고 있으며 당신 얘기에 흥미를 갖고 있기 때문에 열심히 듣고자 하는 무의식적 자세를 취하는 것이다.

얘기를 듣는 자세로 관심의 정도를 읽는다

싫은 상대일 경우에는 몸을 뒤로 젖힌다

얘기가 지루하면 머리를 숙이거나 좌우로 기울인다. 얼굴을 외면한다

의자에 등을 기대고 다리를 쭉 뻗는 것도 지루함의 사인

    자세가 주는 의미는 '상대방과의 거리'라는 관점에서도 설명할 수 있다. 우리는 호의를 가지고 있는 상대에게 다가가는 일반적인 습성을 갖고 있다. 상체를 앞으로 기울이는 자세는 상대방과의 거리를 좁히는 일이기에 호의와 관심의 크기를 읽을 수 있다.

    호의와 관심의 정도가 낮으면 당연히 앞으로 기우는 정도도 작아지며, 게다가 싫은 상대라면 더욱더 거리를 멀리 하기 위해서 앞으로 기울기는커녕 뒤로 젖히는 자세를 취할 것이다. 또한 얘기가 지루해지면 머리를 숙인다든지, 좌우 어느 한쪽으로 기울인다든지, 시선을 다른 곳으로 돌리는 등의 자세를 취한다는 것도 기억해 두자.

서서 허리를 굽히는 자세는 '아첨'을 의미한다. 시선의 높이를 낮춤으로써 당신을 추켜세우고자 하는 심리가 저변에 깔린 것이다.

어린아이를 대상으로 한 연구에서도 싸움을 하고 진 쪽은 몸을 웅크리거나 땅바닥에 주저앉는 일이 많다. 이것은 시선을 극단적으로 낮춘 자세로 패배, 양보의 사인이다.

02

고개를 끄덕임은
상대방에게 보내는 조용한 자기 발언

　필자는 신문 기자나 잡지 기자의 취재를 받은 적이 있다. 기자들도 여러 타입이 있다. 화살이 빗발치듯 빠른 말투로 질문을 쏟아붓는 사람, 토론하러 온 듯한 사람, 잡담하듯 취재하는 사람, 취재하고 싶은 테마를 알린 다음에 얘기를 듣기만 하는 사람 등 취재 태도와 방법은 실로 다양하다. 테마에 따라서 조금씩 변화가 있지만 대부분의 경우 그 사람이 인터뷰를 진행한 경험에서 얻은 노하우다.

　스스로는 거의 입을 열지 않는데도 상대의 얘기를 잘 끌어내는 기자도 있다. 그런 기자는 고개를 끄덕이는 타이밍과 끄덕이는 방법이 실로 절묘하다. 이쪽이 힘주어 말하는 부분에서는 깊게 끄덕이며 사소한 부분에서는 가볍게 흘려듣듯이 끄덕인다. 그 때문에 대화하기가 무척 쉽다. 말하는 이의 기분이 좋아져서 그만 안 해도 될 세세한 말까지 얘기해 버리고 만다.

　끄덕임은 '동조 댄스'라고도 부른다. 즉 상대방의 얘기에 동의하면서 박자와 마음까지 상대방에게 맞추는 제스처이다. 끄덕임이 전하는 메시지를 한마디로 표현한다면 긍정이다. '당신의 말이 옳다고 생각한다'라는 포괄적인 의미를 전해 주는 것이지만 뉘앙스에는 차이가 있다.

- 나도 당신과 같은 생각입니다 동의
- 당신의 의견을 지지합니다 적극적인 찬성
- 당신의 말대로 하겠습니다 수락
- 당신이 말하고자 하는 내용을 이해하겠습니다 이해
- 당신의 얘기를 제대로 듣고 있습니다 사실의 전달

얘기의 내용이 단순한 사실인가 아니면 의견이나 사고방식이냐에 따라서 끄덕임의 의미는 미묘하게 달라진다.

이 부분을 잘못 판단하면 묘한 일이 벌어질 수 있다. 예컨대 상대방이 고개를 끄덕이니까 분명히 '내 의견에 찬성했다'라고 추측했는데, 나중에 알고 보니 단순히 '당신이 하고 싶어 하는 말은 잘 알았다'라는 의미로 끄덕인 경우도 생기는 것이다.

그 차이는 끄덕임의 의미 진심인가 예의상 하는 일인가 와 말, 시선을 맞추는 방법, 자세와 함께 고려해야 한다.

'끄덕이지 않는' 태도도 똑같은 의미가 있다. 끄덕이지 않는 것은 '당신의 의견을 긍정할 수 없다' '당신 얘기에 따를 생각이 없다'라는 사인이다.

대학 수업이나 강연회처럼 많은 사람 속에 섞여 듣는 상황이라면 다르지만, 눈앞에서 상대가 얘기하고 있을 때 전혀 고개를 끄덕이지 않는다는 것은 어려운 일이다. '상대방의 얘기에 동조하지 않는다는 것은 실례이다' 이런 의식이 작용하기 때문에 그 의견에 찬성하지 않더라도 서둘러 고개를 끄덕이는 것이 일반적인 모습이다.

이런 여러 가지 상황에도 불구하고 당신의 얘기를 듣는 상대가 고개를 전혀 끄덕이지 않는 것은 무슨 경우일까? 그 사람은 당신의 얘기에 부정적인 사고를 하거나, 판단 보류의 의사가 상당히 강할 것이라고 추측된다. 만약 그런 상대방을 설득할 셈이라면 세심하고도 강력한 자기주장을 펼 필요가 있다. 이런 판단을 내린 후에는 마음을 단단히 먹지 않으면 안 된다.

뭔가 생각에 몰두해 있을 때 끄덕임이 멈추는 경우도 있다. 고개를 끄덕이면서 자신의 생각을 정리하기 어렵기 때문이다. 그 후의 고개 끄덕임은, 상대방에 대한 찬성인지 아닌지 구별이 모호하지만, 적어도 그 당시의 시점에서 부정적인 태도를 표명하는 것은 아니라고 할 수 있다.

03

긍정적인 끄덕임도
세 번 계속되면 거부가 된다

 아이는 부모나 선생님에게 꾸지람을 들을 때 일부러 "네, 네"라고 건성으로 대답함으로써 '완전히 납득한 게 아니에요'라는 사실을 에돌아 표현하기도 한다. 반항적, 부정적인 의미가 다분한 '두 번 대답'이다. 그 의미를 읽고 있는 사람이라면 "대답은 한 번만 해!"라는 식으로 핀잔을 주기도 한다.

 끄덕임도 대답과 같은 것이기 때문에 평상시의 끄덕임과는 다른 의사**부정적인 의사**가 숨겨진 경우가 있다. 그것은 끄덕임의 타이밍과 횟수·빈도로 판단하는 게 좋다.

 대화의 흐름과 관계없는 타이밍이 빗나간 끄덕임이 있다. 상대방을 잘 관찰하고 있으면 그 점을 느낄 수 있다. 상대방이 고개를 끄덕이며 맞장구를 쳐주는데도 왠지 '얘기할 맛'이 나지 않는다. 얘기가 원활히 전달되고 있다는 느낌이 안 든다.

 타이밍이 빗나간 끄덕임은 이쪽의 얘기를 전혀 듣지 않거나 듣는 척하는 것인데, 어쨌거나 두 가지 모두 '당신의 얘기에 흥미가 없다'

라는 사인이다. 부정과 거부의 메시지를 발신하는 셈이다.

끄덕이는 횟수와 빈도도 항상 눈여겨봐야 한다. 세일즈왕 델모어는 자신의 경험상 고객이 세 번 이상 고개를 끄덕이면 'NO!'의 완곡한 사인이라고 말한다.

우리의 경우를 돌아보더라도 자신이 빨리 얘기를 하고 싶을 때, 본론으로 얼른 들어가고 싶을 때, 상대의 얘기에 자주 고개를 끄덕인다는 것을 알 수 있다. 그러므로 상대가 내 얘기에 여러 번 반복해서 고개를 끄덕이고 있다면 얘기를 빨리 마무리 짓는 게 좋다.

세 번 이상의 끄덕임은 'NO!' 사인
그걸 깨달았으면 얘기를 빨리 끝내라

04

'말하기 싫어요'를 의미하는 자세와 동작

4, 50대의 관리직을 대상으로 강연을 하는 경우가 종종 있다. 듣는 사람들이 처음에는 대체로 거만한 자세를 취한다. 그러나 강의가 계속 진행되다 보면 그들의 자세가 점차 달라지기 시작한다. 몸의 방향을 강사 쪽으로 돌리거나 끼고 있던 팔짱을 푼다. 그런 변화를 보고 있노라면 강연을 하는 필자로서는 기분이 좋아진다.

이럴 때 그들을 자세히 관찰하면 강의가 쉽게 들리는 위치로 귀를 돌리고 있음을 알 수 있다. 듣고 싶은 대상에게 귀를 돌리는 것을 '청각정위聽覺定位'라 한다. 몸과 머리를 듣고자 하는 대상을 향해 돌리는 행동이다. 동물이라면 귀만 움직이겠지만 사람은 그럴 수 없기에 몸과 머리를 동시에 움직이는 것이다. 이 정위각은 5~10도라는 세밀한 단위로 측정할 수 있다.

그렇다면 대화를 거부하거나 관심 없음을 나타내는 사인으로는 어떤 것이 있을까? 기본적으로 대화의 흐름을 차단하고 말을 뚝뚝 자르는 듯한 언행은 모두 거부의 사인이라고 추측할 수 있다.

★ 대화하는 도중에 다른 일을 시작한다

얘기의 내용과 관계가 없는데도 수첩을 연다. 그리고는 의미 없는 메모를 쓴다. 주위를 둘러본다. 커피숍에서는 손 닦는 타월을 주무르거나 빈 컵을 들고 물 마시는 동작을 반복한다.

★ 그럴듯한 이유를 대며 자리를 뜬다

"잠깐 화장실 좀." 이렇게 말하며 자리에서 일어선다정말로 용무가 급한 경우도 있겠지만…….

★ 헛기침을 한다

고의적인 헛기침은 분명한 거부 의사이다. 얘기의 내용에 이의를 제기하는 의미도 들어 있다.

★ 의자에서 엉덩이를 든다

일어서는 준비 동작, 다리를 끄는 동작까지 수반한다면 거부의 의미는 한층 강하다.

★ 의자의 팔걸이를 잡는다

이것도 일어서려는 준비 동작이다. 허리를 곧추세우고 발을 의자 쪽으로 끌어당기는 자세는 '1초라도 빨리 이곳에서 벗어나고 싶다'라는 무의식적인 의사표시이다.

강연할 때 들려오는 헛기침 소리는 정말 반갑지 않다. 강연의 리듬이 깨지기 때문이다. 게다가 '내가 뭐 잘못 말했나?'라는 생각이 들어 강사의 마음이 불안해지기까지 한다.

반면에 강연이나 수업 도중에 회장 전체가 조용해지면서 기분 좋은 긴장감이 감돌고 청중에게 강연자의 마음이 그대로 전달되는 듯한 느낌이 들 때도 있다. 이때가 청중과 일체화되는 순간이다. 이런 짜릿한 순간은 청중에게 직접 얘기할 때만 느낄 수 있는 묘미다.

얘기하는 도중에 다른 일을 시작한다
손을 닦는 타월을 만지작거린다든가
의미없는 메모를 쓴다든가

의자에서 엉덩이를 든다

헛기침을 한다

그럴듯한 이유를 대며 자리를 뜬다

얘기를 거부하는 사인들

제4장 몸동작이 말해 주는 상대의 심리

05

120cm는 인간관계의 바로미터 거리

사람들과의 친밀도를 서로의 거리로 나타내는 말이 있다.

교제를 처음 시작할 때는 '서로 가까워지고 있다'라고 말하고, 사이가 좋아졌을 때는 '가까운 사이'라 표현한다. 반대로 사귀던 두 사람이 헤어지면 '사이가 멀어졌다'라고 말한다.

우리는 좋아하는 사람과는 가까워지고 싶고, 싫어하는 사람은 멀리하고 싶어 한다. 또 실제로 그렇게 행동한다. 물건도 마음에 드는 것은 가까이에 두고, 마음에 안 드는 것은 손이 잘 닿지 않는 곳에 둔다. 싫어하는 물건이면 서랍 속에 숨겨 버리거나 극단적인 경우는 휴지통으로 직행이다.

평소에도 이처럼 무의식중에 거리를 두기도 하고 가깝게도 두면서 생활하는 것이다. 대상에 대한 호감도에 따라서 거리를 조절하고 있다. 반대로 말하면 '거리'로 상대방의 숨겨진 심리를 읽을 수 있다.

인사를 나누거나 명함을 나눌 때, 상대방이 당신에게 다가설수록 호의의 표시이다. 당신과 '대화하고 싶다, 좋은 사이가 되고 싶다'라는 간접적인 의사표시인 것이다. 반대로 이 거리가 멀수록 호의의 정도가 낮다는 것이다.

그렇다면 호의를 갖고 있다고 판단되는 거리는 어느 정도인가.

미국의 문화인류학자 에드워드 홀이 제창한 '8가지 거리대'라는 이론이 판단의 근거가 된다. 홀은 관찰과 면접 조사에 기초하여 사회생활 속에서 사용되는 거리의 8가지 패턴을 발견했다. 크게 나누면 밀접 거리, 개체 거리, 사회 거리, 공중 거리의 4가지인데, 각각에 근거리상과 원거리상이 있다.

★ **밀접 거리**(0~45cm)

아주 가까운 사람들끼리 허용되는 거리, 부부나 연인의 거리감

★ **개체 거리**(45~120cm)

어느 쪽인가 한쪽이 한 손을 내밀기 좋은 거리거나, 양쪽이 손을 내밀면 좋은 거리의 사이다. 친구 사이면 이 정도의 거리를 유지하며 말을 나눈다.

★ **사회 거리**(120~360cm)

업무상의 교제, 그다지 친하지 않은 사이끼리 사용되는 거리. 형식적, 의례적인 교류를 하는 거리이다.

★ **공중 거리(360cm)**

이 정도까지 떨어지면 개인적인 관계를 만들기란 어려워진다. '거의 관계가 없는 거리'이다.

120cm 거리가 친밀한 관계와 타인끼리의 관계를 구별하는 분기점이다

밀접 거리(0~45cm)
지극히 친한 사람들끼리 허용되는 거리
부부나 연인의 거리감

개체 거리(45~120cm)
친구들끼리의 거리감

사회 거리(120~360cm)
업무상의 교제, 형식적, 의례적인 교류를 하는 거리

공중 거리(360cm)
거의 관계가 없는 거리

위의 패턴으로 판단하면 120cm 전후의 거리, 즉 서로 손을 뻗어서 악수를 나눌 수 있는 정도의 거리가 개인적인 교제와 업무상의 교제, 친구와 타인, 친밀한 관계와 타인 관계를 구별하는 분기점이 된다. 보통 첫 만남에서는 이 거리를 유지한다.

갑자기 개체 거리로 들어오면 긴장감이 생기고, 밀접 거리로 들어오면 불쾌감이 느껴진다. 이 부분은 무의식중에 느껴지기 때문에 서로 예의를 지키는 것이다. 첫 만남에서 이 이상 다가서는 사람은 상당히 특별한 감정과 의도를 가진 사람이다.

그러나 몇 번 만나도 개체 거리가 되지 않는 경우에는 교제를 형식적인 형태로 지속하고자 하는 것이다. 그러나 어떤 계기가 생겨 친밀감이 높아지면 어느 사이엔가 개체 거리에서 사귀게 된다.

재미있는 심리 이야기 8

현실 사회의 신데렐라와 피터팬

▶▶▶▶ 대기업에 근무하는 한 여성이 있다. 매사에 자신감이 넘치고 시원시원한 외모를 가진 전형적인 커리어 우먼이다. 그러나 그 여성은 외모만 봐서는 상상하기 힘들지만 속마음에는 고민을 가지고 있었다. 결혼하고 싶은 마음도 간절하고 '언젠가 내 인생을 빛내 줄 멋진 남성이 나타날 것이다'라고 상상하고 있는데 그런 상대가 좀처럼 나타나지 않는 것이다.

백마 탄 멋진 왕자가 나를 맞이하러 와서 나를 행복하게 해 줄 것이라는 소망에 사로잡혀 있는 이 여성, 마치 동화 『신데렐라』 속의 여주인공과 같다는 점에서 이것을 '신데렐라 콤플렉스'라고 부른다.

그 여성의 심층에는 '남성에게 보호받고 싶다'라는 남성에 대한 의존 욕구가 있다. 이것은 자립 욕구와 대립되기 때문에 의존 욕구가 강하면 스스로가 자립할 수 없음에 고민하거나, 자기 혼자서 무슨 일을 결정하거나 행동에 옮기는 데 죄의식까지 느끼는 경우가 있다. 말하자면 소녀처럼 꿈을 좇고 있는, 완전한 성인이 될 수 없는 여성의 심리가 신데렐라 콤플렉스이다.

사회의 제일선에서 누구보다 활기차게 일하고 있고 완전히 자립한 것처럼 보이는 커리어 우먼, 그러나 마음 깊숙한 곳에는 이러한 심리가 잠재되어 있어 그 결과 자기의 정체성 부재감으로 고민하는 여성이 적지 않다.

한편 신데렐라 콤플렉스의 남성판이 바로 '피터팬 신드롬'이다. 한마디로 '성인이 될 수 없는 남자, 어른이 되고 싶지 않은 남자'이다. 동화에 나오는 피터팬은 어른 사회로부터 '공상의 섬'으로 떠나 꿈나라에서 모험하는 영원한 소년의 상징이다.

자신과 어울리는 일을 하고 싶다며 직장을 이곳저곳 옮겨 다니거나, 사회에 나가서도 취직하지 않고 아르바이트로 생활하는 것이 이런 젊은이의 전형적인 생활 스타일이다. 사회적, 상식적으로 완벽한 한 사람의 성인으로 볼 수 없는 존재다.

06

퍼스널 스페이스, 더 이상 오지 마!

대인 거리의 컨트롤은 '퍼스널 스페이스'라는 개념으로 설명할 수도 있다. 퍼스널 스페이스는 개개인이 가진 세력권을 말한다. 다른 사람들이 침범하면 불쾌해지는 자신의 공간이라고 생각하면 이해하기 쉽다. 퍼스널 스페이스는 전후를 긴지름, 좌우를 짧은지름으로 가진 타원형으로, 전방이 후방등쪽보다 넓은 공간을 확보하고 있다.

이 세력권은 접근하는 상대방에 따라 변화한다. 상대방이 친구이면 공간이 줄어들고, 모르는 타인이면 공간이 확대된다. 앞에서 설명한 8가지 거리는 퍼스널 스페이스의 확대·축소와 똑같은 것이다. 퍼스널 스페이스가 좁을수록 얘기할 때 상대방에게 접근한다. 반면에 퍼스널 스페이스를 넓게 취하는 사람은 상대방에게 별로 다가가지 않는다.

퍼스널 스페이스의 크기는 사람에 따라 각기 다르며 성격과 깊은 관계가 있다.

외향적인 성격의 사람, 사교가, 자신감이 넘치는 사람은 퍼스널 스페이스가 작다. 사람들과 항상 함께 있고 싶어 하는 친화 욕구가 강한 사람도 퍼스널 스페이스가 작다. 얘기할 때 대체로 사람들에게 접근하는 사람들이 이런 성격을 가지고 있다고 생각해도 무방하다.

내향적인 사람, 자신감이 없는 사람, 권위주의적인 사람은 타인으로부터 영향을 받지 않고 자신의 틀을 지키고자 하기 때문에 퍼스널 스페이스가 크다. 최대한 다른 사람과 거리를 두려고 하기 때문이다.

퍼스널 스페이스의 크기는 연령과 성별에 따라서도 다르다.

갓난아기 때는 물론 퍼스널 스페이스라는 것이 없다. 퍼스널 스페이스는 자아의 확립으로 형성되기 때문에 중학생부터 고교생 시기에 완성된다. 이 무렵에는 부모, 친구, 타인과의 거리를 신경 쓰게 된다. 부모와 떨어져서 걷거나, 자기 방에서 혼자 지내는 시간이 많아지는 것 등이 퍼스널 스페이스의 형성과 관계가 있다.

그 이후에는 연령과 함께 퍼스널 스페이스의 범위가 넓어져만 가고 40대에는 최대 넓이가 된다. 사회적인 지위가 있고 활동이 왕성한 사람은 다른 사람들과의 거리를 멀리 유지하려는 것이 보통이다.

40대 이후에는 점차 퍼스널 스페이스 범위의 축소 단계로 들어간다. 노인들이 사람을 그리워하는 듯한 인상을 주는 것은 퍼스널 스페이스가 작아짐과 관계가 있다.

또한 남성과 여성을 비교해 볼 때 남성 쪽이 퍼스널 스페이스가 작다. 하지만 여성의 활동이 왕성한 현재로서는 그 차이가 점차 줄어드는 추세이다.

07

자세를 보면 토론의 형세가 보인다

커피숍에서 친구와 대화가 한창일 때, 혹은 첫 대면한 사람과 대화하면서 서로에게 친밀감을 느끼고 있을 때 잠깐 상대방의 자세를 관찰하면서 동시에 자신이 어떤 자세를 취하고 있는지 생각해 보자. 아마 서로 비슷한 자세를 취하고 있을 것이다.

당신이 테이블 위에 올려놓은 손을 잡고 있으면 상대방도 똑같이 손을 잡고 있고, 뺨에 손을 대고 있으면 상대방도 뺨에 손을 대고 있을 것이다. 십중팔구 이런 행동을 하고 있을 것이다.

마치 거울 속의 또 다른 내가 자신의 행동을 취하는 것과 같다. 그래서 이것을 '거울 영상 일치 자세'라고 한다.

또한 이와 같이 서로의 자세가 일치하는 것을 '자세 반향'이라고 부른다. 자세와 동작의 공명 현상이다. 신경 써서 보면 많은 장면에서 이 현상을 볼 수 있다. 그리고 자세와 동작이 일치할 확률과 상대에게 반응하는 속도가 놀라울 정도로 빠르다. 손을 올린다, 손가락을 깍지 낀다, 다리를 꼰다, 꼰 다리를 풀고 다른 다리로 꼰다, 턱을 괸다, 자세를 바꾼다 등 거의 모든 동작에 대해서 반응이 일어난다.

보통은 알아차리지 못할 세밀한 동작까지 포함하면 친한 사람들끼리는 24분의 1초마다 자세 반향이 일어난다는 연구 결과가 나와 있다. 물론 무의식중에 이뤄지는 행동이지만, 심층 심리에서는 '나는 당신과 똑같아요'라는 메시지를 상대에게 보내고 있다고 해석된다.

자세 반향은 서로의 친밀도가 높을수록, 그리고 공감도가 클수록 많아진다. 이 원칙을 이용해 얘기하는 도중에 상대방과 자신의 사이에서 어느 정도의 친밀도가 이뤄지고 있는지, 서로 감정이 맞는지 안 맞는지를 측정하는 방법이 있는데 다음과 같다.

방법은 간단하다. 자세 반향의 계기를 만들어 보는 것이다.

대화 도중 약간의 틈이 생겼을 때 가볍게 팔짱을 끼어 본다거부의 제스처로 보이지 않을 정도로. 잠깐 동안 이 자세를 유지하면서 상대방이 어떻게 반응하는지를 지켜보는 것이다. 상대방도 자신처럼 팔짱을 끼면 두 사람의 커뮤니케이션은 잘 진행되고 있다고 판단할 수 있다. 상대가 흉내를 낼 때까지의 시간이 짧을수록 커뮤니케이션의 친밀도는 높다.

자세 반향은 회의 등 몇 사람의 소그룹으로 나눠 대화할 때도 일어난다. 같은 의견을 가진 사람은 똑같은 자세와 동작을 취하지만 다른 의견을 가진 사람은 자세와 동작이 다른 것이다. 말하지 않아도 자연스럽게 자세와 동작으로 나타나 버린다.

이 점을 세심하게 체크하면 토론의 형세를 읽을 수 있다. 당신이 모임의 주재자나 사회자라면 이런 작은 변화를 읽어 내는 기술이 큰 도움이 될 것이다.

08

담배 피우는 방식으로 본 상대의 심리

 범죄 수사에서 담배가 중요한 단서가 되는 경우가 있다. 담배 피우는 방법에도 심리 상태가 반영되기 때문이다. 마음이 초조할 때는 피우는 담배 개수가 늘어나고 비벼 끄는 행동도 거칠어진다. 재떨이에 턴 담뱃재가 난잡하게 쌓여 있으면 담뱃재의 주인 심정이 상당히 초조하다는 게 예상 가능하다. 꽁초의 숫자가 많으면 오랜 시간 초조감이 지속되고 있다는 반증이다.

 회의실의 재떨이에는 회의 후에 산더미처럼 꽁초가 쌓이는데, 이것은 회의 참석자들이 가졌던 긴장감의 흔적이다. 물론 최근에는 금연을 하는 곳이 늘어났다.

 만약 상대방이 담배를 피우는 회수가 빈번해졌다면 스트레스, 긴장감, 불안, 동요가 점차 높아지고 있다는 증거다. 그것이 극단적이 되면 피우고 있는 담배를 도중에 비벼 끄거나, 불씨가 채 꺼지지도 않은 담배를 힘으로 누르는 행동을 되풀이한다. 대화나 회견 장소에서 이런 행동을 한다면 그 사람의 참을성이 한계까지 도달했다는 애기가 될 것이다.

지루함을 숨기는 동작으로 담배를 피우는 일도 있다. 연기를 내뿜는 동작은 한숨을 쉬는 동작과 비슷하기 때문에 한숨을 뱉는 대신에 담배를 피우는 것이다.

담배를 항상 거의 일정한 길이까지 피우는 사람, 피우고 난 담배꽁초를 재떨이에 놓을 때 일정한 방향으로 놓는 사람은 꼼꼼한 성격의 사람이다.

누구나 신경 써서 보면 판단하기 어렵지 않다. 사람의 심리를 읽기 위해서는 세밀한 부분까지 관찰하는 게 키포인트다.

09

분석적인 사람은 이런 동작을 취한다

1998년은 미국의 전 대통령 클린턴에게 수난의 해였다. 바람을 피운 사실이 세상에 알려졌기 때문이다. 게다가 그 애인 르윈스키가 직접 언론에 상세하게 고백했기 때문에, 클린턴의 성적인 기호까지 폭로되고 말았다. 전 세계를 떠들썩하게 만든 이 뉴스를 보고 당신도 나름대로 클린턴 대통령의 행동을 평가했을 것이다.

단순하게 표현한다면 여론은 대체로 두 가지 의견으로 나뉘었다. 한 가지는 '여성 문제와 정치가로서의 능력은 별개의 문제이며 정치가로서의 실적과 능력을 생각하면 퇴진은 불필요하다'는 의견이었다. 또 하나는 '여성을 집무실에 데리고 가서 쾌락을 즐긴다는 것은 말도 안 된다. 정치가로서의 식견에 관한 문제이니 즉각 퇴진해야 한다'라는 의견이었다. 분석적으로 사고하는 사람은 전자, 종합적으로 사고하는 사람은 후자의 손을 들어 줄 것이다.

이런 견해 차이는 1장에서 소개한 '장독립적' '장의존적'이라는 성격 특성과 관계가 있다.

다시 말하자면, 장독립적인 사람은 자주적이고 암시에 걸리기가 어려우며 대인관계에 적극적이다. 장의존적인 사람은 이와 반대이다.

견해에 있어서도 양자는 대조적이다. 장독립적인 사람은 사물을 보는 견해가 분석적이고 세밀한 점까지 세세한 주의를 기울이는 반면에, 장의존적인 사람은 사물을 보는 견해가 종합적인 대신 세밀한 부분을 놓치는 경우가 있다고 한다.

'분석적인 사람'인지 '종합적인 사람'인지는 여러 가지로 의논을 거듭하는 과정을 거치면 저절로 명백해지겠지만, 그 전에 몸동작으로 알아볼 수가 있다.

몇 가지 심리 실험의 결과를 종합하면, 장독립적인 사람은 장의존적인 사람에 비해 다음과 같은 경향이 있다.

- 팔짱을 끼거나 다리를 꼬는 일이 많다
- 어깨를 움찔거리는 동작이 많다
- 상체를 앞으로 기울이는 자세를 취하지 않는다
- 미소를 짓지 않는다
- 상대를 응시하는 동작이 적다
- 자신의 몸을 만지는 일이 적다
- 표정이 풍부하다

장독립적인 사람의 경향

이 점을 염두에 두고 상대방을 체크해 보면 재미있을 것이다.

10

사람들을 불러 모으는 데 필요한 바람잡이는 몇 명?

당신이 길 가운데 멈춰 서서 머리 위 고층 빌딩을 빤히 올려다보고 있다고 치자. 그때 당신 옆을 지나가는 사람들을 주의 깊게 관찰하면 재미있는 현상을 발견할 수 있다.

몇 명의 사람들이 당신이 보고 있는 고층 빌딩을 함께 올려다보고 있을 것이다. '도대체 뭐가 있기에 보고 있는 거지?'라며 자기 일이 아닌데도 멈춰 서서 관심 있게 보는 사람도 있을지 모른다.

미국의 심리학자 밀리그램은 뉴욕에서 이런 실험을 해 봤다. 그러자 빌딩을 올려다보는 사람**바람잡이**의 인원과 멈춰 서는 사람의 비율이 분명하게 나타났다. 올려다보는 사람이 2~3명이면 멈춰 서서 올려다보는 통행인이 급속도로 늘어난다. 5명 이상이 올려다보고 있으면 80%의 사람들이 바람잡이에게 속아 올려다보게 된다는 사실을 확인할 수 있었다.

타인과 똑같은 행동을 취하는 동조성을 많은 사람이 갖고 있다는 점, 그것은 사람 숫자가 많을수록 강해진다는 것을 분명히 알 수 있다. 그리고 일반적으로는 '세 사람'이라는 숫자가 분기점으로 보인다. 이밖에 동조성을 조사하는 실험에서도 세 사람이 있으면 동조 행동을 일으키기가 쉽다는 것을 알았다.

　미국의 사회심리학자 애시 또한 사회적 동조현상에 대한 실험을 진행했다. 학생 3명과 실험자 1명을 상대로 도형 문제를 내고, 정답을 찾도록 하였다. 실험자는 정답이 C라는 것을 이미 알고 있는 상태였다. 하지만 학생들은 모두 B를 정답으로 선택하였다. 그러자 실험자 역시 C라는 정답 대신 B를 선택하였다. 확실히 정답을 아는 데도 혹시 자신이 답을 틀린 건 아닐까 생각하며 답을 고쳤던 것이다. 이처럼 동조 심리는 남의 주장에 자기의 의견을 일치시켜 정신적으로 안정과 질서를 잡으려는 심리에서 기인한다.

　그런데 왜 '세 사람'일까?

　어떤 음식점 앞에서 사람들이 기다리고 있는 모습을 보고 있다고 하자. 그때 식당 앞에서 한 사람이 서 있으면 '어쩌다 저 자리에 서 있는 사람이겠지'라고 생각하고, 두 사람이 서 있으면 '둘이 함께 온 게 아닐까?'라고 생각한다. 그런데 만약 세 사람이 줄을 서 있으면 '혹시 저 음식점이 맛있다고 소문난 곳이 아닐까?' 이렇게 생각하기 쉽다. 세 사람이 기다리고 있으면 같은 일행이라기보다 서로 아무 관계가 없는 사람들이라고 느껴지기 때문이다.

　세 사람 이상이 줄을 서 있을 경우는 일반적으로 따라 서게 되지만, 줄을 서 있는 사람이 두 사람인데도 그 뒤에 서는 사람은 동조성이 유난히 강한 사람이라고 볼 수 있다. 다수의 의견에 좌우되기 쉽고, 자신이 대중 속에서 두드러지는 것을 극단적으로 싫어한다. 경우에 따라서는 자신의 의견을 왜곡하면서까지 남에게 맞추는 사람이다.

반대로 다섯 사람 이상의 비교적 긴 행렬인데도 전혀 관심을 안 보이는 사람은 타인에 대한 흥미가 적은, 내향적인 사람이다. 심적인 불안이나 긴장 등 강한 감정에 사로잡혀 있을 때는 다른 곳에 관심을 돌릴 여유가 없기 때문에 역시 줄을 서는 일이 없을 것이다.

11

정면에 앉는 사람은
당신을 설득하려는 것이다

유난히 둥근 테이블을 좋아하는 사람이 많다. 이유가 뭘까? 심리적인 측면에서 세 가지 이유를 들 수 있다.

1. 직선의 사각 테이블에 비해 유연하고 긴장감이 덜하다는 느낌

2. 사각 테이블일 경우 왠지 중심 인물의 좌석(상석)이 만들어지지만, 원형이면 그럴 필요가 없다. 전원이 평등하고 대등한 느낌이 들기 때문에 화기애애한 분위기가 돈다(원은 평화와 원만함의 심벌이기도 하다. 전쟁 종결의 국제회의가 둥근 원형 테이블에서 이뤄지는 것을 생각해 보라).

3. 가장 중요한 것은 앉는 사람의 시선 문제다. 정면으로 시선을 나눌 기회가 적다는 점이다. 특히 유연한 곡선의 오각형 테이블에선 더욱 그렇다. 원형 테이블과 달리 좌석의 위치는 결정돼 있지만, 시선 배치가 정면으로 마주 보지 않으면서 다른 멤버 모두가 시야에 들어온다.

앉는 위치는 심리적인 측면에 큰 영향을 미친다. 사람은 무의식중

에 자신에게 유리하고 마음 편한 자리를 선택한다. 이 점에 입각해 보통 사각 테이블에 앉을 때, 당신을 기준으로 어떤 위치에 앉느냐는 것으로 상대의 심리를 읽는 방법이 있다.

① 서로 90도가 되는 위치

테이블의 한쪽 모서리를 사용하는 이 위치가 가장 일반적이다. 시선을 맞추지 않으면서도 가까운 장소에서 얘기할 수 있다. 긴장을 피할 수 있기 때문에 무난한 친밀도를 유지하는 현명한 선택이다.

② 정면 위치

사무적인 위치다. 친밀도는 별로 없다. 당신에게 대항하거나 설득하고자 하는 사람도 이 위치에 앉는 일이 많다.

③ 바로 옆자리 위치

공동 작업을 하기 쉬운 점으로 알 수 있듯이 상당히 친밀한 사이다.

④ 비스듬한 방향의 위치

대부분은 가장 먼 위치다. 멀리 앉을수록 친밀도는 떨어진다. 퍼스널 스페이스를 크게 잡아서 가능한 한 접촉을 피하고자 하는 의식 표현이다. 하지만 작은 테이블에서 비스듬히 앉는 것은 시선을 직접 마주치지 않고 친밀감을 유지하고 싶은 것이라 볼 수 있다.

성격과 관련지어 보면 ③항이 외향적이고 적극적인 성격, ④항이 내향적이고 소극적인 성격의 소유자가 취하기 쉬운 위치 관계이다.

또한 앉았을 때 얕게 걸터앉는가, 깊숙이 앉아 있는가를 살펴보자. 조금 걸터앉은 자세는 회담을 빨리 끝내고 싶다는 신호다. 상대가 이런 모습으로 앉아 있다면 불필요한 얘기를 꺼내지 말고 곧바로 요점만 얘기하는 게 좋다.

반대로 깊게 앉는 사람은 차분히 얘기하려는 의도이다. 자신의 페이스로 당신을 설득하고자 하거나, 혹은 많은 일들을 얘기해서 당신과 친분을 쌓으려는 마음가짐이다.

야심가이자 공격적이고 경쟁을 즐기며 일을 많이 하는 타입 A의 사람은 약간만 걸터앉는 일이 많다. 대개 깊숙이 앉는 사람은 타입 B가 많다.

12

머리카락을 자주 만지는 사람의 성격은?

머리카락을 만진다, 뺨이나 턱을 만진다, 팔짱을 낀다, 입술을 만진다.

이와 같이 자신의 몸을 만지는 것을 '자기 친밀 행동'이라고 하고, 불안이나 긴장감이 강할 때 횟수가 잦아지는 것은 앞에서 말한 사실이다.

평소에도 자기 친밀 행동이 눈에 띄게 많은 사람은 항상 긴장과 불안에 사로잡혀 있는 사람이거나, 어리광쟁이라서 남에게 의존하고자 하는 마음이 강한 사람으로 분류할 수 있다. 왜냐하면 자기 친밀 행동은 유아기에 부모가 해 주었던 일이기 때문이다. 머리를 만져 주거나 안아 주었던 부모의 행동을 자신이 스스로에게 해 주는 것이기 때문이다. 그 내면에는 타인이 자신의 어리광을 받아 주었으면 하는 바람도 들어 있다.

그런데 똑같이 머리카락을 만지더라도 머리카락을 뽑을 듯이 거칠게 만지는 것은 강한 스트레스가 원인이다. 반면에 자기 친밀 행동은 머리카락을 부드럽게 만진다는 점에서 차이가 크다.

머리카락을 뽑는 듯한, 말하자면 자기 스스로에게 상처를 입히는 행동을 '자해 행위'라고 한다. 손톱을 심하게 물어뜯거나, 손가락에 상처가 날 정도로 깨무는 일도 자해 행위 중 하나다. 이것은 마음의 병인 신경증을 가진 사람에게서 나타나는 증상이다.

자해 행위를 하는 사람은 신경증에 가까운 정신 상태라고 추정할 수 있다. 이런 사람의 성격은 자기중심적이고 허영심이 강한 타입이거나, 무슨 일에나 회의적이고 자신감이 없으며 결벽증을 갖고 있는 완벽주의 타입일 확률이 높다.

자해 행위

자기 친밀 행동

13

적절한 인사법은 인간관계의 윤활유

일본의 다도에는 세 종류의 인사법이 있는데 인사를 하는 사람들끼리의 관계에 따라 어떤 인사를 하느냐가 결정된다. 이런 일은 평소 생활 속에서도 볼 수 있다.

인사는 원래 동물 사이에서는 복종을 표현하는 것으로, '나는 당신을 이길 수가 없습니다. 제가 졌습니다. 더 이상 공격하지 말아 주십시오'라는 메시지를 전달하는 제스처다. 인사와 복종의 표현은 허리를 구부리고 상대보다 자세를 낮춘다는 것이 공통점이다. 요컨대 자신을 상대보다 작게 보이고자 하는 것이다.

사람 사회에서는 똑같이 복종의 자세라도 여러 가지 복잡한 뉘앙스가 덧붙여져 의식적, 혹은 무의식적으로 다르게 사용된다. 사회적인 상하관계에서 윗사람이 아랫사람에 대해서 하는 인사는 목례 정도이고, 아랫사람이 윗사람에게 하는 인사는 그보다 훨씬 깊다. 이 점은 특별히 의식 못하는 상태에서 경험과 학습으로 우리 몸에 깊이 배어 있다. 그렇기 때문에 상대방이 자신을 어떻게 생각하는지, 자신이 어떤 성격의 사람인가를 인사법으로 읽을 수 있다.

★ 상체는 세운 채 머리만 조금 숙인다

자신이 상대보다 위라고 생각하고 있다. 형식적인 관계의 인사법이다. 프라이드가 높고 자신감이 충만하다. 상당히 친한 사이에서는 상하 의식이 없는 친밀감을 표현한다.

★ 허리를 조금 굽힌다

가장 일반적인 인사법. 상대를 대등한 존재라고 보고 있다. 머리를 숙이고 있는 시간이 길수록 또한 굽히는 허리 각도가 클수록 정중한 마음을 나타내며 자신이 아랫사람임을 인정하고 있다.

★ 90도 각도로 굽힌다

보통 사죄할 때 이렇게 인사한다. 상대에 대해 자신감이 없고, 열등감을 갖고 있다. 내성적이고 소극적인 성격을 반증한다.

당신 자신이 무의식적으로 상황과 어울리지 않는 인사법을 취하고 있을지도 모른다. 자신의 의도와는 달리 상대에게 마이너스 인상을 줄 수 있으니 인사법을 주의하자.

재미있는 심리 이야기 9

성인 아이가 자라는 '평범한 가정'

▶▶▶▶ 20대 후반의 여성이 결혼과 동시에 사회생활을 그만둔 이후 고독감에 사로잡혀 있다. 이웃과 사귀는 것도 겁나고, 옛 친구들과 만나도 이전처럼 마음이 편치 않다. 왠지 겉도는 느낌이 든다. 아이를 갖고 싶은 마음이 있지만 아이에게 헌신적인 애정을 쏟을 수 있을지도 불안하다. 남편에게 솔직하게 털어놓지 못한 채 정신적으로 조금씩 지쳐가고 있다. 자꾸 혼자만 있고 싶고 쇼핑조차 하기 싫다.

이러한 고민을 갖고 있는 사람들을 조사해 보면 부친이 알코올 중독증이고, 어릴 때 육체적·정신적인 폭력을 받으면서 자란 경우가 종종 보인다. 이것이 전형적인 성인 아이 Adult Children다. 이 사람은 가족에게도 자신의 속마음을 보이지 않고 감춘 채 항상 부모와 주위를 신경 쓰면서 살아갈 수밖에 없다. 요컨대 '어른처럼 걱정하는 아이', 이것이 성인 아이다.

이 용어는 미국의 심리학자 워이티즈가 자신의 책 『알코올 중독자의 성인 아이 Adult Children of Alcoholics』에서 처음으로 사용하였고, 미국의 전 대통령 클린턴이 "의붓아버지가 알코올 중독자였고, 나는 성인 아이였다"라고 말해 널리 알려지게 되었다.

이런 성장기를 보낸 아이는 성인이 되어서도 자신의 삶에 자신이 없고 대인관계도 원만하지 못하다. 불안과 고립감이 심하고 사람에 따라서는 여러 차례 자살을 시도하거나 범죄를 저지르게 된다.

화목하지 못한 가정, 지나치게 엄격한 부모, 아이에게 큰 기대를 거는 부모, 부부 불화가 많은 부모 밑에서 자란 아이도 마찬가지로 성인이 된 후에 정신적인 파탄을 일으키는 경우가 있다. 이런 증세는 부모의 알코올 중독이나 가정폭력이 없는 극히 평범한 가정에서 맞닥뜨릴 수 있는 비극이다.

핵가족화와 적은 자녀 수로 인해 부모와 자식의 관계가 갈수록 강해지고 있는 오늘날 성인 아이는 더 이상 특수한 사례에 속한다고 볼 수만은 없다.

성인 아이를 치료하기 위해서는 어린 시절 부모에게 받은 상처나 나쁜 습관을 과감히 공개해야 한다. 이를 통해 부모와의 관계를 풀고, 그들을 용서해야 한다. 그래야 비로소 자신의 감정과 생각을 제대로 표현하는 어른이 될 수 있다.

제5장

손과 다리 동작이 가르쳐 주는 상대의 심리

눈앞에 있는 상대가 의미 없는 손동작을 반복하고 있다면
그것은 당신의 얘기를 수긍하지 못하거나 딴생각을 하고 있음을 나타내는 사인이다. 마음이
떠나서 멍한 상태이거나 '빨리 이 상황이 끝났으면' 하고 바라는
상대의 마음을 보여 주는 증거이다.

01

말을 꺼내는 적절한 타이밍을 잡는 법

맞선 자리에서 만난 남녀는 대부분 머뭇거리며 선뜻 말을 꺼내지 못한다. 서로 눈치만 보고 있다가 두 사람이 동시에 "저……"라며 말을 꺼낸다. 그때 남성이 "네, 말씀하세요"라고 말하면 여성은 "아니에요, 먼저 말씀하세요" 이런 양보를 한 후, 다시 어색한 침묵의 시간이 흐른다. 얼마쯤 지나서 다시 또 동시에 "저……" 이런 해프닝 아닌 해프닝이 몇 번 반복된다.

평소에도 이런 일은 종종 일어난다. 얘기를 시작하거나, 중간에 끼어드는 타이밍이 맞지 않는 것이다. 하지만 상대방이 얘기를 시작하려고 하는 징후는 동작을 잘 살펴보면 알 수 있다.

- 지금까지와는 다른 손짓을 한다
- 몸을 움직여 당신 쪽으로 기울인다
- 시선을 당신에게 맞춘다
- 자세를 틀어 당신을 정면으로 바라본다

- 숙이고 있던 머리를 든다
- 크게 숨을 들이쉰다

이야기 시작의 사인들
- 지금까지와는 다른 손짓을 한다
- 몸을 움직여 당신 쪽으로 기울인다
- 시선을 당신에게 맞춘다
- 자세를 틀어 당신을 정면으로 바라본다
- 숙이고 있던 머리를 든다
- 크게 숨을 들이쉰다

이야기 끝의 사인들
- 말할 때 했던 손짓을 멈춘다
- 확인하는 듯한 눈빛으로 본다
- 몸을 한쪽으로 기울인다
- 대화와 관계없는 동작을 한다(차를 마시거나 담배를 피운다 등등)

상대의 이런 동작에 신경 쓰면서 자신의 얘기를 계속하기도 하고 중지하기도 해야 한다. 그래야 상대방도 순조롭게 말을 시작할 타이밍을 잡을 수 있다.

다음과 같은 동작을 보이면 얘기가 끝났다는 표시이므로 당신 얘기를 시작할 준비를 하라.

- 말할 때 했던 손짓을 멈춘다
- 확인하는 듯한 눈빛으로 본다
- 몸을 한쪽으로 기울인다
- 대화와 관계없는 동작을 한다

전화로 얘기하는 것이라면 자신의 얘기가 끝날 때마다 "말씀하세요"라는 말을 덧붙이지만, 평소 일상적인 대화에서는 생략한다. 따라서 상대의 동작으로 사인을 읽을 필요가 있다.

02

팔짱을 끼는 이유는 무엇일까?

동화의 삽화를 보면 악역으로 등장하는 어른은 대체로 팔짱을 끼고 있다. '나는 강한 사람이다'라는 무언의 메시지를 보내는 것이다. 동화에서 팔짱 낀 모습의 삽화는 주변의 것들을 압도하는 힘을 상징한다.

우리 주변에도 일상생활에서 팔짱을 자주 끼는 사람이 있다. 자신의 강인함과 높은 지위를 과시하고 있는 것이다. 팔짱을 끼는 사람은 권위주의적인 성격의 소유자라고 추측된다.

팔짱은 다른 의미로 심리적인 바리케이드 역할을 하기도 한다. 타인의 진입을 거부하고 자신의 영역을 지키는 것이다. 팔짱을 끼는 사람은 방어 심리가 크며, 자신감 부족, 불안, 긴장감을 지니고 있을 가능성이 크다.

두 종류의 팔짱은 잘 관찰하면 차이를 느낄 수 있다. 위압적인 팔짱은 팔 위치가 높고, 팔짱도 얕으며, 가슴을 펴는 동작을 수반한다. 한편 방어적인 팔짱은 팔 위치가 낮고, 팔로 몸을 휘감듯이 깊게 끼운다. 특별히 가슴을 펴는 듯한 자세도 아니다.

팔짱이 더욱 깊어지고 등을 둥글게 마는 듯한 자세라면 심리적으로 자기 자신을 보호하고 있는 것이며 긴장과 불안, 슬픔에 사로잡혀 있음을 나타낸다. 이런 괴로운 심리를 완화하고 안도감을 얻기 위해서 자신을 껴안는 자기 친밀 행동의 하나로 팔짱을 낀다는 해석이 가능하다. 타인에게 안기는 쪽이 더 좋겠지만 불가능한 상황이기 때문에 스스로 하는 것이다. 몸을 감싸고 있는 팔은 다른 누군가의 팔을 대신하는 것인지도 모른다. 가장 이상적으로는 어머니의 팔이라고 생각할 수 있다.

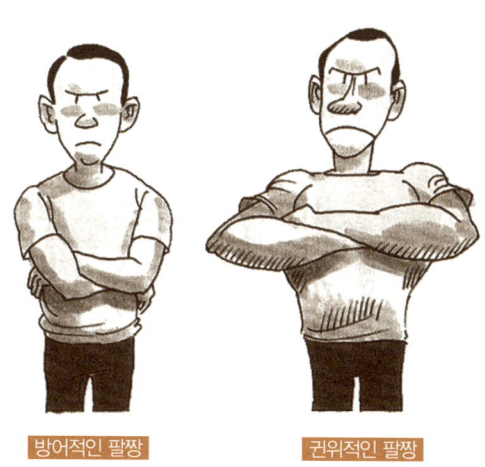

방어적인 팔짱 / 권위적인 팔짱

03

대화 도중에 끼는 팔짱은 거절의 사인?

처음 만나는 사람이나 그다지 친하지 않은 사람이 당신을 보자마자 혹은 당신과 대화하는 도중에 팔짱을 낀다면 상대는 어떤 심리 상태일까?

이런 경우의 팔짱은 당신에게 호의를 갖고 있지 않다는 것, 한마디로 당신을 싫어한다는 것을 의미한다.

심리 실험에 따르면 싫은 상대에게는 팔짱을 끼고, 호의를 가진 상대에게는 양손을 편다는 차이가 있다. 특히 여성들에게서 이 실험 결과가 두드러지게 나타난다.

팔짱을 낀 자세로 당신을 향해 가슴을 내미는 듯한 느낌이 든다면, 싫은 감정을 넘어서 더욱더 강한 '거부'라고 여겨도 좋다. 대화 도중에 끼는 팔짱도 비슷한 심리를 나타낸다. '이제 당신의 얘기는 듣고 싶지 않다'거나 '이 지루한 만남을 끝내고 싶어. 난 당신의 의견을 따를 생각이 전혀 없어'라는 표시다. 이럴 때는 재빨리 말을 일단락 짓거나 상대의 심리를 바꿀 방책을 준비해야 한다.

호의적이지 않은 사인들

넥타이를 만지작거린다

팔짱을 낀다

허리에 손을 얹거나 손을 꽉 쥔다

　자꾸 넥타이를 만지작거린다, 상의의 버튼을 잠근다, 주먹을 꽉 쥔다 하는 것들도 팔짱과 같은 의미의 동작이다. 팔짱과 똑같이 거만한 자세로 보이는, 허리에 양손을 얹는 동작도 상대에 대해서 비호의적임을 나타내는 사인이다. 또한 허리에 손을 대고 상반신을 눈에 띄게 뒤로 젖히거나, 반대로 등을 둥글게 말고 아래를 보는 동작은 당신에게 위협을 가하는 것이다.

04

자신의 얼굴이나 몸을
부드럽게 만지는 몸짓의 의미

　미국의 전 대통령 닉슨이 워터게이트 사건으로 사임한 것은 잘 알려진 사실이다. 매스컴과 당국으로부터 추궁을 당하기 시작하자 닉슨에게는 기묘한 버릇이 시작되었다고 한다. 뺨과 턱을 자주 문지르는 것이었다. 그는 자신의 행동을 인식하고 있었을까? 아마 무의식 중에 나온 행동이었을 것이다. 마음의 동요는 이처럼 의외의 행동에 배어 나온다.

　사소한 손짓도 어딘가 부자연스럽게 보이는 경우에는 불안과 긴장, 심리적인 갈등, 압박감 등이 표출되고 있는 표시로 볼 수 있다.

　구체적인 사례를 들어 보자.

　전형적인 몸짓 표출은 닉슨처럼 손으로 얼굴과 몸 등을 무의미하게 만지는 일이다. 머리카락을 만지거나 머리를 긁는 경우도 있다. 손의 깍지를 끼었다가 푸는 동작을 반복하는 것도 마찬가지다. 손을 비비거나 코를 잡는 식으로 표출되는 일도 있다. 자신의 몸을 만진다는 점에서 자기 친밀 행동의 하나이기 때문에 이런 동작은 긴장과 불안감을 완화시켜 주는 작용을 한다.

마음의 동요가 손에 나타난다

손으로 얼굴과 몸을 무의미하게 만진다
양손을 깍지를 끼우거나 푼다

머리카락을 만지거나
머리를 긁는다

자신의 몸이 아닌 물건을 만진다
(책장을 넘긴다, 종이를 접는다 등)

    자신의 몸이 아니라 사물을 대상으로 나타내는 일도 있다. 종이를 접거나 찢는다, 책상 위에 있는 물건을 만지거나 이리저리 움직인다, 단추를 잠그거나 푼다, 책장을 넘기다가 아예 덮기도 한다, 지갑을 호주머니에서 꺼냈다 넣는다……. 이런 동작들에는 모두 공통적인 심리적 의미가 있다.

눈앞에 있는 상대가 의미 없는 손동작을 반복하고 있다면 그것은 당신의 얘기를 수긍하지 못하거나 딴생각을 하고 있음을 나타내는 사인이다. 마음이 떠나서 멍한 상태이거나 '빨리 이 상황이 끝났으면' 하고 바라는 상대의 마음을 보여 주는 증거이다.

05

이런 손동작이
거짓말을 읽는 단서가 된다

거짓말을 하는 사람은 거짓말이 들통나지 않도록 여러 가지 신경을 쓴다. 얘기의 처음과 끝이 맞도록 깊게 내용을 생각하고 표정에 드러나지 않도록 주의를 기울인다. 결혼 사기꾼은 거짓말에 어울리는 변장까지 감수한다.

얼굴보다 의외로 거짓말의 맹점이 쉽게 나타나는 곳은 '손'이다. 일반적으로 사람들이 믿고 있는, '감정은 얼굴에 나타나기 쉽다'라는 고정관념에 사로잡혀 거짓말하는 본인도 얼굴 표정 관리에는 신경을 쓴다. 하지만 손은 신경이 덜 쓰이게 마련이다.

상대편으로서는 그 부분이 바로 판단의 포인트가 된다. 상대의 말이 의심된다면 손동작에 주목하자. 다음 사항들은 거짓말의 위장 동작이다.

손동작을 줄인다

보통은 손짓으로 말의 내용을 보강하는데, 손동작에서 거짓말이

탄로날까 염려돼 손동작을 줄인다.

손동작을 숨기려고 한다

손을 비비거나 호주머니에 넣는다. 물건을 줄곧 만지작거린다. 이러한 것들은 거짓말을 하고 있다는 긴장 때문에 손을 떠는 것을 숨기고자 하는 의도이다.

손으로 얼굴을 만지는 동작이 늘어난다

만지는 곳은 턱, 입, 코, 뺨, 눈썹, 귓불, 머리카락 등 광범위하지만 특별히 빈번한 행동은 입을 막는 동작과 코를 만지는 동작, 두 가지이다.

입을 막는 것은 거짓말이 나오는 곳을 상대의 눈에서 감추려고 하기 때문이다. 손으로 입을 막거나 입 주변에 댄다, 검지를 윗입술에 갖다 댄다.

또 코를 만지는 것은 그렇게 하면 입을 막는 것과 같은 효과가 있기 때문이다. 입을 막는 것은 너무 노골적이기 때문에 코를 만지는 것이다. 거짓말을 하면 생리적으로 코의 내부가 간지럽기 때문에 코를 만지게 된다는 설도 있다.

재미있는 심리 이야기 10

남편 재택 스트레스 증후군을 앓고 있는 아내들

▶▶▶▶ 남편이 일중독에 걸린 사람이라 매일 아침 이른 시간에 나가서 한밤중에 귀가한다. 휴일은 절대 골프 아니면 낮잠. 그렇다고 아내가 남편에게 특별히 불만이 있는 것은 아니다. 오히려 '처자식을 위해서 좀 더 열심히 노력해 달라'고 부탁을 하고 싶다.

그런데 요즘 불황으로 잔업이 없어지고, 남편의 귀가 시간이 빨라졌다. 일찍 들어오는 남편이 아내는 싫어진다. 지금까지 저녁 시간에는 아이들과 함께 느긋하게 지냈는데 남편이 빨리 귀가하는 탓에 남편 뒷바라지 하는 시간이 많아졌다. 그런데도 가부장적인 사고방식을 가진 남편은 집안일은 아무것도 도와주지 않고 오로지 TV만 보고 있을 뿐이다.

변변한 취미가 없기 때문에 휴일이 와도 누워서 잠밖에 잘 줄 모르는 남편. 일이 없어진 탓인지 삶과 성공에 대한 패기조차 느낄 수 없다.

이런 과정을 통해 남편에 대한 아내의 스트레스는 점차 커져만 간다. 아이들에게 잔소리가 많아지고 화도 자주 낸다.

'남편 재택 스트레스 증후군'이란 위와 같은 증상이다.

게다가 남편이 실직이나 퇴직이라도 당해 매일 집에 있게 되는 사태라도 벌어지면 아내의 참을성에도 한계가 온다. 일명 구조조정 이혼, 정년 이혼은 이러한 과정에서 일어나는 것이다.

아내의 스트레스와 인내의 한계를 깨닫지 못하는 남편으로서는 아내의 이혼 요구는 마른하늘의 날벼락 같은 것이다. 어쩌면 이유도 추측할 수 없을지 모른다.

부인의 심리 상태를 눈치채지 못한 무신경함이 아내의 스트레스 원인이 되고 있다.

06

턱을 괴고 있는 여성을 보면 말을 걸어 보자

강의를 하다 보면 턱을 괴고 듣는 학생이 꽤 있다. '피곤한가 보지. 내 수업이 지루하고 재미없다는 사인은 아닐 거야.' 나는 이렇게 생각하려고 애쓴다.

턱을 괴는 것은 지루함을 의미하는 메시지다. 상대방이 턱을 괸다면 당신의 얘기에 흥미를 못 느끼고 있는 것이다. 그렇다고 해서 친하지 않은 사람 앞에서 턱을 괸다는 것은 무례한 행위로 여겨지기 때문에 정말로 '지루해서' 괴고 있는 경우는 적을 것이다. 견해를 바꿔서 '저는 당신에게 이렇게 친밀감을 느끼고 있습니다'라는 사인이라고 생각하는 쪽이 정답인 경우도 있다.

카페에서 여자 손님 혼자 차가운 커피를 앞에 두고 멍하니 턱을 괴고 앉아 있다. 이런 경우 턱을 괸 자세는 스스로를 어루만지며 안심시키는 자기 친밀 행동으로 봐야 한다. 턱을 지탱하고 있는 손은 예컨대 연인의 어깨를 대신한다. 불안하거나 걱정거리가 있어서 '누군가에게 기대고 싶다'는 사인으로 읽을 수도 있다.

07

다리를 벌리고 앉는 것은
당신을 받아들이고 있다는 증거

다리가 취하는 여러 가지 동작은 얼굴과 손에 비하면 상대방이 거의 의식하지 못한다. 게다가 테이블이나 책상 밑 등 뭔가의 그늘에 숨겨져 안 보이는 일이 많다. 다리는 눈에서 가장 동떨어진 신체 부위이기도 하다.

그러나 다리에는 많은 표정이 숨어 있다. 화가 나면 땅을 걷어차고, 조바심이 나면 다리를 떤다. 발을 쿵쿵 구르는 것은 기쁨의 표현이기도 하고 울분의 표시이기도 하다. 조회 때 교장선생님의 연설이 지루해지면 학생들은 발끝으로 운동장 땅을 파고는 한다. 이런 발동작은 뭔가를 하고 싶은데도 결심이 안 설 때도 마찬가지다. 이 제스처는 '우물쭈물하다'라는 말로 대변된다.

본인도 다리까지는 의식하지 못하기 때문에 진실한 속내가 드러나기 쉽다. 얼굴과 손동작에 속지 않기 위해서는 다리 동작에 주목해야 한다.

앉아 있는 사람이 당신을 호의적으로 받아들이고 있는지 아닌지는 다리를 벌리는 방식으로 추측할 수 있다. 벌리고 있다는 것은 당신에 대해서 마음의 문을 개방하고 있는, 호의적이라는 사인이다.

다리의 사인들

두 다리를 붙이고 앉음
적의나 서먹함의 사인

다리를 벌리고 앉음
호의적인 사인

다리를 앞으로 쭉 뻗는다
지루와 포기의 마음

무릎을 가지런히 하고 발을 자기쪽으로 끌어당긴다
말 좀 하겠습니다, 혹은 종결의 사인

무릎과 다리를 문쪽으로 돌린다
종결의 사인

다리 떨기, 다리 바꿔 꼬기 발끝을 올리고 내리기
종결의 사인

반대로 다리를 모으고 앉아 있으면 적의나 서먹함을 가지고 있다는 뜻이다. 마음을 열지 못하고 의례적인 관계에 만족하고 있다. '너의 접근을 원하지 않는 것'이며 동시에 '나의 마음을 열고 싶지 않다'는 단적인 뜻이다.

단, 여성이 다리를 벌리고 앉는 일은 별로 없기 때문에 위의 법칙을 여성에게 적용시킬 수는 없다.

면담이나 회의 도중에 다리를 앞쪽으로 쭉 뻗는 것은 얘기에 호응하지 않거나, 지루함을 나타낸다. 또는 포기했다는 표현으로도 사용된다.

무릎을 가지런히 하고 다리를 자기 몸 쪽으로 강하게 끌어당기는 자세는 일어서기 위한 준비 동작이다. 심리적으로 '나도 말 좀 하겠습니다' 혹은 '이제 그만 끝냅시다'라는 의미다.

다리의 방향을 출입구 쪽으로 향하는 것은 대화 종결을 알리는 분명한 신호이다.

그 외에 다리를 몇 번씩 바꿔서 꼰다, 다리를 떨기 시작한다, 발끝을 올렸다 내렸다 한다 등등, 이런 다리 동작은 어서 이 자리가 빨리 끝나기를 호소하는 사인이다.

08

지하철에서 다리를 벌리고 앉는 남자의 심리는?

　지하철에서 다리를 넓게 벌리고 앉는 사람이 있다. 당연히 남성이 많다. 그들 대부분은 고개를 뒤로 젖힌 채 등을 좌석에 바싹 붙이고 앉는다. 요컨대 큰 세력권을 만들어 과시하고 싶다는 마음의 표현이다. 곰이 상대를 위협할 때 두 다리로 서서 양손을 올려 몸을 더 크게 보이려는 것과 같다. 큰 몸집을 과시하며 위대하게 보이고 싶은 것이다. 경쟁심이 강하고 공격적이며 권위주의적인 성격의 인물이다.
　그러나 자신을 일부러 크게 보이려는 심리에는 의외로 나약한 본성이 숨겨져 있으며, 단순히 허세를 부리고 싶은 타입이라고 추측할 수 있다.
　여성은 어떨까? 최근에는 바지를 입는 여성이 많아 다리를 벌리고 앉는 사람도 많다. '다리를 가지런히 오므리고 앉아야 한다'라는 의식이 서서히 사라지고 있다. 여기에는 여성의 사회적 지위가 향상된 점, 전반적으로 남성과 여성의 경계가 허물어짐에 따라 과거의 '여자다움'에서 해방된 점들도 관계가 있을 것이다.

원래 앉아서 다리를 오므린다는 것은 상당히 부자연스러운 자세이다. 앉으면 다리가 가볍게 벌어지는 게 자연스런 현상이다. 무리해서 다리를 붙이고 앉는 것은 부자연스럽고 옹색한 자세인 것이다.

여성의 경우에는 다리를 벌리고 앉느냐 아니냐보다, 무릎을 붙이고 있느냐 아니냐가 주목 포인트가 된다.

여성이 단정하게 다리를 붙이고 앉는 것은 자신의 높은 품위, 제대로 받은 가정교육, 바른 몸가짐을 보이기 위한 의도적인 포즈라는 측면이 있다. 다리와 무릎을 붙이는 것은 몸을 축소시키는 동작이라고도 할 수 있어 자신을 작게 보일 수 있다. 무릎 위에 양손을 가지런히 올려놓는 자세도 마찬가지다. 키가 큰 여성이 허리를 약간 굽혀서 키를 작게 보이려는 자세와도 일맥상통한다. 이런 것은 '작게 보이는 것이 귀엽다'라는 사회적 통념이 만든 게 아닐까.

제6장

복장과 소지품으로 파악하는 상대의 심리

항상 정장을 즐겨 입는 등 의례적인 복장을 하는 사람은
그 힘에 의존하는 경향이 높다고 볼 수 있다.
자신의 개성으로 승부하기보다 복장의 힘을 빌리고자 하는 사람이다.

01

화려한 패션으로 치장하는 사람의 성격은?

지하철이나 길을 지나다 보면 굉장히 화려한 패션으로 온몸을 치장한 여성이 눈에 들어온다. 그런 여성들은 과연 어떤 성격을 지닌 것인지 한번 생각해 보자.

- 자기 현시욕이 강하고 남보다 튀는 것을 좋아하는 타입
- 자신의 스타일과 센스에 자신감을 갖고 있다
- 적극적인 행동으로 이른바 분위기를 잘 이끄는 성격
- 이성 관계가 화려하고 잘 노는 타입

많은 사람들은 이렇게 상상하기 쉽다. 아직도 얼마든지 더 많은 상상이 가능하겠지만 얘기가 엉뚱한 데로 흘러갈 수 있으니 이 정도로 그치기로 하자. 포인트는 '강한 자기 현시욕'이 느껴진다는 첫인상이다. 그 외의 답은 모두 이 첫인상에서 파생된 것이다.

그러나 심리학에서는 '화려한 복장이라고 해서 모두 자기 현시욕

이 강하다고만은 할 수 없다'라고 가르친다.

'신체상 경계'설이 있다. 영어로 말하면 '보디 이미지 바운더리Body Image Boundary'로 외부 세계와 자신을 격리시킬 때 느끼는 경계를 의미한다. '나는 어떤 존재인가'를 떠올릴 때 가장 기본적인 단서가 되는 것이 이 신체상 경계다. 구체적으로는 피부를 의미하며 옷을 입고 있는 경우에는 옷이 신체상 경계가 된다. 옷이 '제2의 피부'인 셈이다. 이것이 대인관계에서는 중요한 요소가 된다.

우리가 다른 사람들과 원만하게 대화를 나눌 수 있는 것은 자신과 외부의 구별이 잘 되며 상대와 거리감을 두기 때문이다. 심리학적 용어로 신체상 경계가 분명하기 때문이다.

그런데 개중에는 신체상 경계가 희박한 사람이 있다. 자신과 상대의 간격이 없고 거리감을 둘 수 없기 때문에 자연스럽게 대화하기가 힘들다. 병이라고까지는 할 수 없지만 대인관계에서 심각한 장애가 발생한다. 경계는 외부로부터 자신을 지키는 일이기 때문에 그 경계가 분명하지 않고 모호한 상태면 사람은 불안해진다.

보고된 사례로는 일상생활에 지장을 가져오는 경우도 있다. 예컨대 길을 걷고 있을 때 차가 반대쪽에서 오고 있을 경우, 보통의 사람들은 자동차가 자신의 옆으로 지나칠 것이라고 예상한다. 그런데 신체상 경계가 분명하지 않은 사람은 자동차가 자신을 향해 달려오는 것처럼 느껴진다고 밝혔다.

따라서 화려한 복장을 하는 것은 신체상 경계가 희박한 탓인지도 모른다. 평소의 복장으로는 신체상 경계가 불분명하기 때문에 그것을 보완하기 위해서 남보다 눈에 띄는 복장을 입는 것이다. 군복이나 제복을 즐겨 입는 경우도 마찬가지다.

즉 화려한 옷을 입는 사람이 보기와는 달리 대인관계가 원만하지 못하고 대인 불안을 가지고 있는 사람도 많다는 것이다.

화려한 복장은 신체상 경계가 희박한 탓인지도……

02

명품을 선호하는 심리

샤넬 제품으로 옷부터 구두, 가방, 액세서리까지 몸 전체를 치장하는 여성이 있다. '핸드백은 반드시 구찌'를 매는 여성도 많다. 고급 브랜드의 구두만 끊임없이 사들이는 일명 '페라가모병'이라는 말이 있다. 페라가모란 이탈리아제 구두의 브랜드명이다.

고급 브랜드 제품을 몸에 걸친다는 것은 그것을 입는 클래스의 사람들, 즉 상류계층이 되고 싶다는 소망의 표출로 볼 수 있다. 최상류층의 사람들은 모든 것을 유명한 일류 점포에서 주문한다. 브랜드 같은 것은 관계가 없다.

이런 최상류층의 쇼핑이 불가능한 사람들은 고급스러운 느낌이 들고 가격적으로 자신에게 적합한 브랜드 제품을 사는 것이다. '상류층으로 올라서고 싶다'라는 점에서 상승 지향이 강한 사람이라고 할 수 있으며 자기 현시욕도 강하다.

그 브랜드를 좋아하는 게 아닌데도 '친구가 갖고 있으니까' '유행이니까'라는 이유로 구입하는 사람도 있다. 여러 가지 물건을 비교해서 결과적으로 구매한 것이 명품이 아니라 타인의 눈을 의식해서 명품을 사는 것이다. 이것은 동조 행동의 일종으로, 이런 사람들은 주위 사람들에게 좌우되기 쉬운 '귀 얇은' 성격의 소유자이다.

그러나 '페라가모병'에 걸린 사람은 반대로 '남들과 같아지는 것은 싫다'라고 선언한다. 남들과 다름으로써 우월감을 느끼고 싶은 것이다. 구두는 눈에 확연히 들어오지 않는다는 점에서 소극적인 성격이라고도 볼 수 있다.

한편 브랜드에 구애받지 않지만 가격이 비싼 것만 사 모으는 사람도 있다. '비싼 것이 좋은 물건'이라고 맹신하는 것이다. 제품의 좋고 나쁨을 판단하지 않고 자기 자신의 판단 기준도 없기 때문에 가격이라는 알기 쉬운 수단에 의존한다.

이런 사람들은 팔다 남은 상품에 비싼 가격표를 붙여도 아무런 의심 없이 사는 경우도 있다. 실제로 미국에서 이것에 관한 실험을 했는데 안 팔리던 재고에 터무니없는 가격을 붙이자마자 물건이 깨끗이 팔렸다고 한다.

"나는 진품 외에는 쓰지 않아." 이렇게 자랑하는 사람도 의외로 물건의 좋고 나쁨은 분간하지 못하고 브랜드에 좌우되는 경우가 많다고 한다.

03

양복이나 제복을 좋아하는 사람은 자신을 숨기는 사람

미국의 사회심리학자 짐팰드가 했던 유명한 실험이 있다. 옷이 인간에게 어느 정도로 영향을 미치는가를 재미있는 예를 통해 밝히고 있다.

신문 광고를 통해 사람들을 모집한 후 무작위로 각각 10명씩 죄수 역과 간수 역으로 나눈다. 죄수 역은 간수 역을 하는 사람에게 체포당한 후 간단한 조사를 받은 뒤 죄수복을 입고서 철창에 갇힌다. 간수 역을 하는 사람은 엄격한 제복을 입고 경찰봉을 들고 감시한다. 어느 쪽이나 일부러 역할에 맞는 언행을 하라고 지시하지는 않았다.

그런데 두 부류 모두 옷을 입자마자 정말로 실제 상황처럼 행동했다. 죄수 역을 맡은 사람들은 간수 명령에 거스르지 않으려 하며 비굴한 태도를 취하고, 간수 역을 맡은 사람들은 매사에 명령조로 지시를 내렸다.

이 실험은 시작할 때 1주일의 기간을 목표로 삼았지만 며칠 만에 실험을 중지시켰다. 간수 역을 맡은 사람들이 죄수들에게 너무 심한 벌칙을 가할 뿐더러 죄수 역을 맡은 사람들이 우울 상태에 빠져서 심한 무기력 증상을 보였기 때문이다.

그러나 이런 예는 반드시 특수한 상황만은 아니다. 패스트푸드점의 아르바이트생이 평소 말투와는 다르게 점포 매뉴얼대로 인사하는 것은 한마디로 제복 덕분이다. 마찬가지로 군복을 입으면 강해진 듯한 기분이 들고, 성격이 거친 여성도 여성다운 복장을 입으면 유순해진다.

제복, 혹은 그것과 유사한 옷을 입으면 익명화, 즉 자신의 개성을 숨길 수 있게 된다. 극단적인 사례로 일부 초·중학교에서 등교 후에 학생들을 체조복으로 갈아입히자 아이들이 순한 양처럼 선생님 말을 잘 듣더라는 결과도 나왔다. 따라서 비즈니스 양복을 좋아하는

제복을 입는 것은 자신의 개성을 숨긴다
'내'가 없는 상태를 만들기 쉽다

사람은 자신을 드러내지 않으려는 보호 방책으로 삼는다고 생각할 수 있다. 의례적인 복장은 그것이 가진 '사회적인 힘', 즉 사회적 세력을 기대하는 것이다.

횡단보도에서 보행자가 신호를 기다리고 있을 때, 실험자가 신호등이 빨간 불일 때 건너면서 다른 사람들이 얼마나 따라오는가를 조사한 실험이 있다. 실험자가 양복을 입고 있는 경우에는 많은 사람이 함께 건넌 반면에, 청바지와 점퍼를 입고 있는 경우에는 따라 건너지 않았다. '양복을 입고 있는 사람은 반듯한 사회인일 것이다. 그런 사람이 무단횡단을 한다면 내가 따라 건너도 무방하지 않겠는가'라는 심리가 작용했기 때문이다.

이처럼 의례적인 옷은 눈에 보이지 않는 힘을 갖고 있다. 그것을 입고 있는 것만으로도 사회적으로 인지되는 것이다.

항상 정장을 즐겨 있는 등 의례적인 복장을 하는 사람은 그 힘에 의존하는 경향이 높다고 볼 수 있다. 자신의 개성으로 승부하기보다 복장의 힘을 빌리고자 하는 사람이다. 게다가 권위주의적인 경향도 엿보인다.

금요일은 캐주얼 데이인데도 양복을 입는 사람, 사원 여행이나 가족 여행 때 회사에서 근무 중인 듯한 복장을 하는 사람, 넥타이를 풀고 외출하면 왠지 불안한 사람들이 이런 경향을 두드러지게 갖고 있다.

04

화장하면 적극적으로 변하는 이유

화장의 유행은 시대와 함께 변한다. 90년대는 '내추럴 화장'으로 '맨얼굴 같은 자연스러움'이 유행했다. '내추럴'이기 때문에 화장품 사용량이 적을 것이라고 생각했다면 오산이다. 내추럴 화장법은 의외로 다양한 화장품이 필요하기 때문에 시간과 돈이 상당히 든다.

유행에 따르느냐 따르지 않느냐는 차치하더라도, 여자에게 있어 화장은 자신감으로 연결되는 통로이다. 그 점은 지나가는 사람들을 인터뷰하는 실험에서 분명하게 확인되었다. 리포터가 맨얼굴로 인터뷰할 때와 프로 스타일리스트가 예쁘게 화장을 해 준 다음 거울을 보여 주고 나서 인터뷰할 경우 태도가 달랐던 것이다. 게다가 화장을 한 리포터가 한층 적극적으로 사람들에게 접근했기 때문에 응답자의 반응도 다를 수밖에 없었다. 프로가 해 준 화장, 거기에다 거울을 통해 맨얼굴보다 예뻐진 것을 확인한 사실이 평소보다 '매력과 능력 상승'이라는 자기 평가를 가져와서 적극적인 행동을 불러일으킨 것이다.

화장을 두껍게 하는 사람은 변신하고자 하는 욕망이 강하다고 할 수 있다. 베테랑 여배우 중에 "맨얼굴로는 무대에 올라갈 수 없다"고 고백한 사람이 있었는데, 그 마음을 이해할 수 있을 것이다. 화장을 하면 평소와는 다른 자신이 될 수 있는데, 마치 페르소나 가면를 쓴 것과 똑같은 심리적 효과를 가져와, 화장에 맞는 행동을 취하는 것이다.

'내가 남에게 어떻게 보여질까?'라는 의식을 '공적 자기의식'이라고 한다. 공적 자기의식이 높은 사람은 타인의 눈에 자신이 어떻게 보여질지 매우 강하게 신경 쓰기 때문에 그만큼 화장을 하는 데 시간과 공을 많이 들인다. 자신을 타인의 눈으로 체크할 필요가 있기 때문에 거울을 보는 일도 많다. 거리의 쇼윈도나 지하철의 유리창에 자신을 비춰보는 여성을 자주 보는데, 이런 여성은 공적 자기의식이 강한 것이다. 그리고 자신의 신체 사이즈를 정확히 알고 있고, 이상적

이런 여성은 공적 자기의식이 강하다

인 몸매를 항상 의식하며 생활한다. 실제로 매력적인 여성에게는 이런 공적 자기의식이 높은 사람이 많다는 조사결과가 나오기도 했다.

하지만 공적 자기의식이 너무 높으면 자신을 정확히 보지 못할 가능성이 있다. 자신의 아름다움에 자신감을 갖지 못하고 타인의 말에 영향을 받기 쉽다. 화장법을 자주 바꾸는 여성에게 이런 경향이 종종 보인다. 변신이라고 말할 수 있는 미용 성형을 몇 차례씩 거듭하는 사람도 마찬가지이다.

05

헤어스타일로 아는 성격

"○○는 긴 머리를 잘라 버렸대. 실연이라도 당했나 봐."

우리는 종종 이런 말을 한다. 대부분의 사람들은 헤어스타일이 그 사람의 심리 상태와 마음의 변화를 나타낸다고 생각한다.

대체로 머리 모양은 크게 바꾸지 않는 것이 보통이다. 머리 모양을 바꾸면 남에게 주는 인상이 크게 달라지기 때문이다. 따라서 머리 모양을 바꾸는 데는 약간의 용기와 결단이 필요하다는 면에서, 그때까지의 자신과 결별하고 새로운 마음으로 살아가고자 하는 마음이 표출되었다고 보는 것이다. 거기에는 분명히 뭔가 심경의 변화가 담겨 있다.

머리 모양을 바꾸어 자신의 마음과 생각을 타인에게 어필하는 일도 있다. 1998년에 외국인 투수의 난투 소동과 관련해 일본의 프로야구 팀 감독이 머리를 완전히 밀어 사람들을 놀라게 한 일이 있었다. 본인으로서는 그만큼 크게 반성하고 있음을 전달하고 싶었던 것이다.

머리 모양을 자주 바꾸는 사람은 주위 사람에게 주목받고 싶은 것이다. 자기를 어필하는 적극적인 성격으로 보이지만 반면에 자신에 대해서 항상 불만을 품고 있으며, 불안정한 심리상태에 있다고도 생각된다. 현실에 만족할 수 없기 때문에 계속해서 새로운 머리 모양을 시도하는 것이다.

단적인 예로 말하면 긴 머리의 여성은 '여성다움과 우아함, 얌전하고 조심스러운 성격'으로 보인다. 머리가 짧은 여성은 '적극적이고 활발, 활동적'이라는 인상을 준다. 머리 모양에서 그 사람이 자신을 어떻게 보이고 싶어 하는지 알 수 있는 것이다.

사소한 일이지만 귀를 감추는 머리 스타일도 주목할 만하다. 귀는 외부의 정보를 받아들이는 입구이기 때문에 '남의 얘기를 듣고 싶어 하고, 남이 무엇을 말하는지 신경 쓰는 사람'이라면 귀를 내놓을 것이다. 반대로 '다른 사람들의 얘기는 듣고 싶지 않다. 혼자 있고 싶다'라는 사람은 귀를 감춘다. 머리카락으로 귀를 덮는 것이다. 긴 머리의 문학소녀가 귀를 감추고 얼굴의 절반마저 머리카락으로 덮고 자신의 세계에 몰입하는 모습을 상상하면 분명한 이미지가 떠오른다.

입시생이나 고시생 중에는 머리를 삭발하는 것으로 심기일전하는 사람도 있다. 침체된 기분을 바꾸고 스스로에게 약속하는 다짐인 것이다.

06

가방으로 상대의 성격을 안다

가방은 어떨까? 일반적으로 말하면 지위가 높아질수록 가방이 얇아진다. 그리고 지위가 더 높아지면 가방을 아예 들지 않는다.

가방은 눈에 띄는 소품이다 보니 권위주의적 사고방식에 젖은 사람은 가방의 '계급성'을 활용할지도 모른다. 가지고 있는 가방의 종류로 성격을 추측하는 힌트는 다음과 같다.

★ 주머니가 많은 가방을 좋아하는 사람

가방의 내용물이 뒤섞이는 것이 싫어서 주머니에 가지런히 넣고 싶은 심리의 표출이다. 신경질적이고 꼼꼼한 타입. 개중에는 주머니가 많이 있으면 마음이 넓어지는 것 같다는 사람도 있다. 주머니를 꿈의 상징으로 여기는 이런 사람은 호기심과 모험심이 왕성하지만 비현실적인 경향이 있다.

★ 서류 가방을 좋아하는 사람

튼튼해서 속의 내용물이 망가지는 일이 없다는 것을 이유로 고른다면 실리주의적이며 현실적인 성격의 소유자이다. 그 이유가 아닌데도 서류 가방을 애용하는 사람은 '엘리트 비즈니스맨의 심벌'이라는 이미지를 중시한다. 자신을 실력 이상으로 보이고 싶고, 상대보다 우위에 서고 싶은 사람이 이 부류에 속한다. 이런 사람은 종종 일부러 보이기 위해서 책상 위에 가방을 올려놓기도 한다.

★ 열쇠가 있는 가방을 좋아하는 사람

기밀 서류나 현금을 갖고 다니는 사람은 도난 방지용이지만, 그렇지 않은 사람이 열쇠 달린 가방을 드는 것은 타인과 경계를 분명히 긋고 싶어 하는 것이다. 남들이 자신의 심리적인 영역에 들어오는 것을 싫어하고, 대인관계도 비즈니스상의 관계와 선이 분명한 교제를 지향하고 있다. 그리고 불안감이 강하고 방어의식이 강한 면도 있다.

★ 낡은 가방을 애용하는 사람

오래 사용한 듯한 낡은 가방을 들고 다니는 사람이 있다. 한 가지에 얽매이는 일이 많은 타입으로, 그 외 물건에 대해서도 한번 결정하면 다른 것으로 쉽게 바꾸려고 하지 않는다. 융통성이 부족하고 자기 뜻을 굽히지 않으려는 경향이 있다.

가방으로 읽는 심리

주머니가 많은 가방을 좋아하는 사람
신경질적이고 꼼꼼한 성격
호기심이 왕성하고 모험심이 있음
비현실적인 사람이기도 하다

서류 가방을 좋아하는 사람
실리주의
자신을 실력 이상으로 보이고 싶은 마음
상대보다 우위에 서고 싶다

열쇠가 있는 가방을 좋아하는 사람
선이 분명하고 교제 지향
방어의식이 강하다

낡은 가방을 애용하는 사람
뭔가에 얽매이는 면이 강하다
융통성이 부족하다

종이봉투를 가방 대신 들고다니는 사람
소탈하나 지속성이 없다
자기 본위로 주위에 무관심

★ **종이봉투를 가방 대신 갖고 다니는 사람**

꾸미는 걸 싫어하고 주위의 눈을 신경 쓰지 않는 타입. 이 점은 성실함과도 통한다. 종이봉투는 찢어지기 쉽고, 한 번밖에 사용할 수 없는 경우가 많다. 종이봉투를 애용하는 사람은 자기 본위의 성격으로, 주위에 대한 관심이 적기 때문에 인간관계도 원만하지 못하다. 그 점에서 지속성이 없는 성격이라는 면이 있다.

07

구두에 사회적 지위와 경제력이 노출된다

호텔 직원이나 술집 종업원 등 접객의 프로들은 구두를 보고 손님의 가치를 매긴다고 한다. 구두의 종류 외에도 구두 굽의 닳은 정도와 광택, 손질 정도 등도 판단하는 단서가 된다.

구두는 일반적으로 눈에 잘 안 띄기 때문에 멋쟁이도 소홀히 넘어가기 쉬운 부분이다. 대체로 사람이 치장하는 순위는 제일 먼저 위에 입는 것, 즉 셔츠, 그 다음 언더웨어, 양말 하는 식으로 구두는 맨 뒤 순서에 해당한다. 돈을 쓰는 것도 이 순서일 것이다. 고급 옷을 입으면서 구두만은 싼 것을 신는 경우가 있다. 따라서 구두에 그 사람의 사회적 지위와 경제력이 노출되기 쉽다는 것이다.

남자들은 1년 동안 보통 두 켤레의 구두를 신지만, 여자들은 12켤레 정도를 갖고 있다. 남자는 구두를 걷기 위한 도구로 생각하는 반면 여자는 자신을 드러내기 위한 하나의 매개체로 생각하기 때문이다. 그래서 구두를 '여자들의 자존심'이라고 부르기도 한다. 애정과 인정을 받으려는 욕구가 강한 여자들이 구두에 집착하는 경우가 많다.

필리핀의 전 대통령 부인 이멜다가 엄청난 숫자의 고급 구두를 갖고 있었던 것은 잘 알려진 사실이다. 그녀만의 멋 부리는 센스일지도 모르지만 최고 권력자의 아내라는 권세를 어필하는 소도구로 구두를 의식했던 게 아닐까?

지위나 경제력을 빼고 생각하면 구두까지 좋은 것을 고른다는 것은 멋에 관해서는 완전주의, 완벽주의인 사람이다. 복장은 보통인데 구두에 특히 관심을 갖는 것은 독특한 패션 감각을 가졌거나 상승 지향성이 높은 사람이라고 볼 수 있다.

08

빨간색을 좋아하는 사람은 더 적극적?

'백의 고혈압증'이라는 말이 있다. 병원에서 의사와 간호사의 흰옷을 보면 긴장해서 혈압이 올라가는 현상이다. 게다가 간호사가 미인이면 혈압이 더욱더 상승할 수도 있겠지만, 어쨌거나 흰옷이 아니라 '녹색'이거나 '베이지색' 옷이라면 이런 현상은 일어나지 않았을 것이다.

색을 난색계, 한색계로 분류하듯이 색에는 각각 보는 사람에게 주는 어떤 이미지가 있다. 단순하게 말하면 흰색은 청순·순수, 빨간색은 정열·격렬함, 파란색은 지적, 녹색은 건강·희망, 검은색은 엄숙함이라고 할까. 이것을 키포인트로 해서 더욱더 많은 이미지가 파생된다. 예컨대 빨간색은 활동적, 적극적, 정력적이라는 식이다.

우리는 특히 옷을 이용해서 '나는 이렇게 되고 싶다' '남들에게 이렇게 보이고 싶다'라는 자기상을 만들어 내기 위해 색이 가진 이미지를 이용한다. 이것이 타인에게는 그 사람만이 가진 색의 기호로 비춰진다. 따라서 자주 이용하는 색깔(좋아하는 색)에서 그 사람이 원하는 인물상을 찾을 수 있다.

예컨대 붉은색 계열의 옷을 자주 입는 사람은 자신을 활동적, 적극적인 사람으로 어필하고 있는 것이다. 또한 자기 스스로도 '그렇게 되고 싶다'라고 소망하고 있는 것이라고 생각할 수 있다.

'그렇게 되고 싶다'라는 생각은 바꿔 말하면 '자신에게는 그 점이 부족하다'라는 것을 의미하고 있다. 빨간색을 좋아하는 사람은 스스로는 '적극성이 부족하다고 생각한다'고 말할 수 있는 것이다.

마찬가지로 싫어하는 색에 대해서도 자기상과 관련지을 수 있다. 색과 성격의 관련성에 대해서는 여러 가지 설이 있는데, 사실 심리학자에 의한 전문적인 연구는 별로 없다. 개개의 색은 아니지만, 극채색에 대한 좋고 싫음에 대해서는 전문적인 연구가 이뤄져 있기 때문에 소개해 본다.

★ 극채색을 좋아하는 사람

누구와도 쉽게 사귀고 성격도 밝고 외향적으로 보이지만 직장과 경제력에 불만을 가지고 있다. 성격은 복종적, 공격적, 주관적인 경향이 있으며 생활면과 성격, 체격 등에서 열등감이 강하다.

★ 극채색을 싫어하는 사람

사람을 골라서 사귀며 성격이 온후하다. 자기주장이 강하지는 않지만 생활에 만족하고 있어 자신감을 갖고 있고 성격, 체격에 관한 열등감이 적다. 외면적인 인상과 내면은 상당히 다르다는 것을 알 수 있다. 화려한 복장을 하는 사람이 불안감이 강하다는 점과 일맥상통한다.

또한 비즈니스 현장에서는 옷 색깔에 일정한 제약이 있다. 회사원은 그레이 계통, 감색 계통의 양복을 입는 것이 상식이며, 아무리 좋아한다고 해서 붉은색 계열의 옷은 입을 수 없다. 붉은색을 착용한다면 겨우 와이셔츠나 넥타이에 기호를 반영시키는 정도다.

여성은 남성보다는 훨씬 색 선택의 폭이 넓은데 그래도 제약은 있다. 그러므로 옷 색깔로 보는 성격 판단은 비즈니스 이외의 자리에서 하는 쪽이 정확할 것이다. 대화 도중에 직접 물어보는 게 효과적일 수 있다.

09

왜 미인은 착하게 보이는 걸까?

'후광효과'라는 말이 있다. 어떤 사람에게 두드러진 특징좋은 면이든 나쁜 면이든이 있으면 그 특징에 의해서 그 사람의 전부를 좋게, 혹은 나쁘게 평가해 버린다는 것이다. 정치가나 경영자 2세, 탤런트와 배우 등은 후광효과의 덕을 보는 경우가 많다.

당신이 어떤 사람과 이런저런 얘기를 나누고 있다고 하자. 대화하는 상대가 말을 정말 잘해서 머리 회전이 빠르다는 인상을 받았다. 머리 회전이 빠르다는 평가는 그 사람의 특징과 성격에까지 확장 해석되어 '모든 일에 유능하며 적극적이고 성실하며 지도력이 있다'라는 식으로 좋게 해석된다.

또한 예쁜 여자는 예쁘다는 한 가지 이유만으로도 '능력이 뛰어나고 센스가 있으며 성격도 좋다'라고 받아들인다.

이상은 플러스의 인상을 확대 해석한 경우이지만, 마이너스 인상도 똑같이 확대 해석되는 일이 있다.

화를 잘 내는 사람은 완고하고 차가운 사람이라고 생각되기 쉽고,

목소리에 힘이 없으면 능력이 없고 별 볼일 없는 사람으로 보여지기 쉽다.

이처럼 하나의 심리적인 특징과 그것을 나타내는 행동을 보고 다른 사실까지 추측해서 판단하는 일을 '암흑의 퍼스낼리티 이론'이라고 한다. 이것은 플러스의 인상에 대해서도 일어나기 때문에 후광효과는 암흑의 퍼스낼리티 이론의 일종이라고 생각할 수도 있다.

말할 필요도 없는 일이지만, 암흑의 퍼스낼리티 이론으로 얻어진 판단은 '정답'일 수도 있고 '오해'나 '곡해'인 경우도 상당수이다.

어떤 해석을 하느냐는 당사자의 경험과 지식에 좌우되지만, 어쨌거나 우리는 알게 모르게 그러한 해석으로 남을 판단하기 쉽다는 점을 염두에 두는 게 좋을 것이다.

재미있는 심리 이야기 11

내 속에 타인이 있다

▶▶▶▶ 이브 화이트는 신중하고 얌전한 성격의 25세 여성이다. 그런데 그녀의 일상에는 정반대의 성격, 이브 블랙이 때때로 얼굴을 내밀고 있다. 돌연 전혀 다른 인격으로 바뀌게 되는 것이다.

그러던 중에 또 다른 제3의 인격인 블루가 출현해서 이것이 중심적인 존재가 되어 화이트와 블랙은 마침내 소멸되어 버렸다. 블루는 그 후에 몇 번의 자살을 기도했다.

다중인격의 가장 유명한 실례로 '이브의 증례'라고도 불리는 것이다. 이와 같이 한 사람 속에 복수의 인격이 교체해서 나타나 서로 독립된 인격으로서 행동하는 것이 '다중인격'이다. 인격이 두 개뿐인 경우에는 '이중인격'이라고 한다.

다중인격은 '해리성 장애 Dissociative Disorder'라고 부르며 질환자의 90% 이상이 여성으로 판명되었다. 이중인격은 물론이고 3개, 심지어는 수십 개의 인격을 가지고 있는 경우도 있다.

다중인격은 무의식에 새겨진 욕망과 관념이 어떤 계기로 활동을 시작해 독립된 인격으로 활동하고, 일시적으로 본래의 인격과 교체됨으로써 일어난다고 되어 있다. 전혀 다른 사람이 되어 버리며 그 사실을 본인 자신도 기억하지 못한다는 부분에서, 속마음이나 겉마음과는 분명하게 구분된다.

유년시절 끔찍했던 기억이 다중인격의 원인이 되는 경우가 많다. 심한 학대나 정신적 충격에서 자기를 보호하거나 맞닥뜨린 현실을 피하기 위해 새로운 인격을 만들어 내는 것이다.

스티븐슨의 소설 『지킬박사와 하이드』는 이중인격을 그린 소설로 잘 알려져 있다. 최근에는 다니엘 키스의 『빌리 밀리건』이라는 작품이 유명하다.

이 작품(사실을 기초로 하고 있다)에서는 연쇄 강간 사건의 용의자로 체포된 빌리 밀리건이라는 청년의 내부에, 성격과 지능만이 아니라 연령, 국적, 성별마저 다른 24명의 인격이 존재했다는 경이적인 사실이 보고되고 있다.

제7장

사소함 속에서 드러나는 상대의 심리

미용실에 다녀온 후에 "머리 모양이 내게 어울리지 않아"라며
불평을 하는 사람이 있다.
이 말은 진심이 아니라 상대가 칭찬을 해 주기를 기대하는 마음에서 하는
영합 행동이라고 생각하는 쪽이 좋다.
무심코 "네 머리 모양 정말 이상하다"라는 식으로 말을 했다가는
상대의 기분을 상하게 만들 것이다.

01

쉽게 이성을 잃는 사람과 냉철한 사람의 차이

뭔가 자신의 마음에 들지 않는 일이 있어서 프러스트레이션 Frustration 어떤 목표를 향한 행동이 심리적 갈등이나 능력 부족 또는 외부로부터의 장애 및 방해로 저지당하여 욕구의 만족을 얻지 못한 답보 상태 또는 그와 같은 상태에 놓인 사람의 혼란·당황·짜증스런 감정 상태이 참을성의 한계를 넘어섰을 때, 평소와 달리 이성을 잃은 듯 격한 행동을 하는 사람들이 있다.

학교에서 교사가 학생이 휘두르는 칼에 찔리는 불행한 사건은 학생의 내부에 혼란이 한껏 부풀어 있던 참에 교사의 사소한 꾸중이 계기가 되어 일어난다. 사소한 꾸지람이 잔뜩 부풀어 오른 풍선을 찌르는 침이 된 것이다. 프러스트레이션이 잔뜩 부풀어 있지 않았다면 그런 불행한 사건은 안 일어났을지도 모른다.

프러스트레이션에 직면했을 때 극복하는 능력에는 개인차가 있는데 이를 내성耐性이라고 한다. 프러스트레이션에 빠지지 않도록 지나치게 보호되거나 반대로 강한 프러스트레이션이 반복되는 상태에 지속적으로 노출되어 자라게 되면 내성이 약해지는 경향이 있다. 어렸을 때부터 적당한 프러스트레이션을 경험하게 하여 부적응 행동을 하지 않고, 목표 지향적 행동을 통해 문제 해결 행동을 취하도록 지도하고 훈련시키는 것이 바람직하다.

이성을 쉽게 잃느냐, 그렇지 않느냐는 심리학에서는 '내성'의 차이로 본다. 이 내성이 높으면 이성을 쉽게 잃지 않으며 낮으면 쉽게 이성을 잃는 행동을 한다. 내성은 작은 체험들이 거듭됨으로써 강해진다.

아이는 부모에게 뭔가를 사 달라고 졸랐다가 거절당하면 곧바로 울음을 터뜨리지만, 울어도 소용이 없다는 것을 알면 울음을 그친다. 일단 처음에는 공황 상태에 빠지지만 스스로 자신을 억제한다. 이것이 곧 학습이다. 그 다음에 똑같은 일이 일어나면 이번에는 울어도 안 된다는 것을 알고 있기 때문에 울기 전에 자신을 억제한다. "그럼 △△를 안 사 주는 대신 ○○은 사 줄 거예요?" 이런 식으로 다른 안을 제시해 보기도 한다. 아이의 어리광을 무조건 받아 주면 내성을 키울 기회가 없기 때문에 당연히 프러스트레이션 내성이 낮아지게 된다.

내성이 낮은 사람은 사소한 일로도 공황 상태에 빠지기 쉽다. 무슨 일에나 불평불만이 가득하여 계속해서 직장을 이곳저곳 옮기기도 한다.

프러스트레이션이 높을 때 취하는 행동에는 세 가지 패턴이 있다.

1. 공격 행동

프러스트레이션의 원인을 제공한 상대에게 폭력을 휘두르기도 하고, 욕을 퍼붓기도 한다. 그럴 수 없을 때는 자신보다 약한 상대를 타깃으로 삼는다. 회사에서 기분 나쁜 일이 있으면 집에 돌아가서 아내나 아이를 못살게 군다. 만약 아이인 경우에는 자기의 장난감을 부수거나 개나 고양이를 학대하기도 한다.

다른 것으로 화를 돌릴 수 없을 때는 자신에게 상처를 입히는 자해 행위를 하는데, 가벼운 증상일 경우에는 손가락을 피가 나도록 깨물거나, 머리카락을 쥐어뜯거나, 피가 나올 정도로 몸을 긁는 것이다. 극단적인 경우에는 자살을 기도하기도 한다.

실패의 원인을 다른 곳으로 돌리는 외벌형의 사람은 남을 공격하고, 자신을 책망하는 내벌형의 사람은 자해 행위를 하는 것이다.

2. 퇴행 현상

유아 퇴행의 전형적인 행동으로 꼽을 수 있는 것은 잘 운다는 것이다. 판단이 잘 안 되고 제멋대로 행동한다. 할 수 있는 일도 할 수 없게 된다. 지금까지 다녀왔던 직장을 갑자기 그만두고, 가정에서도 말이 많고 투정이 많아지는 것도 퇴행 현상의 하나이다.

3. 고집 행동

무의미한 일을 반복해서 한다. 옛날에 읽었던 만화책을 몇 번씩

프러스트레이션일 때 취하는 세 가지 행동 패턴

공격 행동

상대에게 폭력을 휘두른다

상대가 강할 때는 약한 자를 타킷으로 삼는다

다른 곳으로 돌릴 수 없을 때는 자신을 해친다

극단적인 경우에는 자살을 한다

퇴행 현상-유아 퇴행
운다
제멋대로 행동한다
할 수 있는 일도 포기한다
함부로 말한다

고집 행동
무의미한 일을 반복한다
옛날에 읽었던 만화책을 몇 번씩 읽는다
자기 방에 틀어박힌다

계속해서 읽기도 한다. 자기 방에 틀어박혀 나오지 않는 일도 있다.

쉽게 알아보기 힘든 행동도 있지만 어떤 것이나 프러스트레이션이 심하다는 것을 나타내는 사인이다. 자신의 내성이 낮은 걸 알았다면 어떻게 해서든지 원만한 해소 방법을 강구하는 것이 불행한 결말을 피하는 길이다.

02

상사의 꾸중에 어떻게 대답하느냐로 성격을 안다

눈앞에 한 장의 그림이 있다. 상사가 부하 직원 옆에 와서 "이 서류 틀렸잖아!"라며 잔소리를 하고 있다. 부하는 뭔가 말하는 것 같은데 말풍선이 비어 있다. 만약 당신이 이 부하의 입장이라면 어떤 말을 하고 있을까. 아니면 부하 직원을 다른 누군가로 상정하고 그 사람이 할 듯한 말을 생각해도 좋다.

이것은 'PF스터디 Picture Fluster Study'로 성격을 조사하기 위한 심리 테스트 중 하나다. 말풍선에 넣는 내용에 따라서 다음과 같은 타입으로 나눠진다.

1. 실수의 원인을 다른 곳으로 돌리는 내용

"저는 제대로 했는데 부하 직원이 잘못한 겁니다" "과장님 지시대로 했어요(과장님 잘못이에요)" "시간이 없었어요" 등

2. 스스로 실수의 책임을 지는 내용

"죄송합니다. 제 불찰입니다" 등

3. '내가 상관할 일이 아니다'라는 내용

"이런 일도 있네요" "그럼 어떻게 하죠?" "그렇습니까?" 등

이 세 가지 반응은 뭔가 혼란에 빠졌을 때에 보이는 전형적인 반응이다.

1번은 '외벌형' 반응이다. 혼란 상태의 야기 원인을 타인과 상황 탓으로 돌리는 타입으로 자기를 제외한 어떤 원인이든 갖다 댄다.

2번은 '내벌형' 반응이다. 외벌형 반응과는 정반대로 무엇이든 자기 탓으로 돌려 버린다. 설사 다른 원인이 있어도 '내가 미리 발견했으면 이런 일이 안 생겼을 거야'라고 자책한다.

3번은 '무벌형' 반응이다. 자신은 물론이고 타인에게도 비난의 화살을 돌리지 않는다. 무사안일주의로 어떻게든 그 자리를 벗어나려는 반응이다.

물론 한 사람이 상황에 따라서 이 세 가지 타입을 병용하겠지만, 항상 한 가지 타입의 반응을 보이는 사람은 그 타입에 관련된 사고방식을 가졌다고 판단할 수 있다.

외벌형인 사람은 적을 만들기 쉬우며 남으로부터 미움을 잘 받는 성격이다. 자기중심적이며 경우에 따라서는 상사에게도 반항한다. 달리 생각해 보면 상사와 권위에 영합하지 않는 점을 높이 살 수도 있을 것이다. 그러나 경영자나 상사가 이 타입이라면 부하 직원이 괴로울 것이다.

내벌형인 사람은 "죄송합니다, 드릴 말씀이 없습니다"가 입버릇이다. 타인에게는 '좋은 사람'이지만 본인에게는 항상 혼란 상태가 축적돼 있는 '고민 많은 사람이자 불만투성이'이다. 무슨 일에든 소극적이기 쉽다.

'무책임한 사람'으로 보이는 것이 무벌형의 사람이다. 일단 그 자리를 벗어나고자 하기 때문에 외부의 평가는 낮을 수밖에 없다. 깊은 인간관계를 구축하기 어렵다.

03

어려움이 닥쳤을 때 적나라하게 밝혀지는 인간성

필자는 등산을 좋아해서 학창시절부터 많은 산을 오르곤 했다. 그 경험을 심리학의 눈으로 보면 여러 가지를 발견할 수 있다. 특히 그룹 등산의 경우 평소에는 보기 힘든 많은 것들을 발견한다. 며칠간의 고된 산행을 하다 보면 인간관계상 어쩔 수 없이 트러블이 많아진다. 경험으로 보면 트러블이 특히 자주 일어날 때가 이상하게도 식사 준비를 할 때다.

예를 들어 카레라이스를 만들 때, "재료를 넣는 순서가 틀렸다"라든가 "양파를 먼저 볶아" 또는 "고기를 볶고 나서 양파를 볶아" 등의 여러 가지 이견들이 나온다. 세세한 부분에서 자신의 의견을 양보하지 않기 때문에 언쟁으로 발전하는 경우도 자주 있다. 이유는 피로와 긴장으로 인한 스트레스 때문에 자신을 컨트롤할 힘이 약해져 있기 때문이다.

평소에 우리는 자신의 사회적 관계, 가족 관계, 친구 관계 등에서 자신의 위치와 역할에 적합한 행동을 한다. 그것을 역할 행동이라고 한다. 회사에서는 사원답게, 가정에서는 아버지답게 행동하는 것이다. 자신의 역할에서 벗어나는 행동은 가능한 한 삼가고 또 억제한다. 인간관계를 원만하게 유지하기 위해서다.

그런데 피로가 심해졌을 때, 강한 스트레스가 느껴졌을 때, 어려운 상황에 놓였을 때, 정말로 친한 사람과 같이 있을 때는 역할 행동을 유지하는 힘이 약해져서 감정이 복받치게 되고, 평소 억제하고 있던 '본성'이 얼굴을 내민다. 서로의 관계를 잘 유지하고자 하는 의지도 약해진다. 등산의 트러블은 이런 과정을 통해 일어나게 된다.

산에서 어려운 상황에 놓였을 때 구성원은 어떤 언행을 보일까? 리더와 함께 생각하는 사람, 리더를 질책하는 사람, 스스로 길을 찾으려는 사람, 기존의 리더를 무시하고 리더십을 취하려는 사람, 아무것도 하지 않고 사태가 수습되기만을 기다리는 사람 등 몇 가지 패턴이 형성된다.

리더에게 가장 듣기 싫은 말은 "그러니까 이런 곳으로 오지 말자고 했잖아" "좀 더 제대로 조사해 보고 와야지"라는 식으로, 개인적인 감정과 책망을 앞세울 뿐 아무런 해결책도 없이 불평만 늘어놓는 사람이다.

"어떻게 해! 이대로 밤이 되면 어떻게 하냐고!" "네가 리더니까 무슨 일이든지 해 봐"라며 오로지 리더에게 의존하는 사람도 나온다. 그런가 하면 "말싸움만 벌이다가 벌써 30분이나 지나 버렸네"라며 상황의 바깥 측에 서서 의식적으로 자신은 관계가 없다는 태도를 취하는 사람도 있다.

산이라는 특수한 상황인 점을 고려하지 않으면 안 되지만 일상생활에서 어려움에 부딪쳤을 때에도 각자 산에서와 비슷한 행동을 보인다. 산에서 다른 사람에게 협력적인 사람은 일상생활에서도 역시 협력을 잘 한다. 리더를 비난하는 사람은 역시 업무상의 트러블에서도 남을 비난하기 일쑤다. 이런 패턴은 대체로 공통적이다.

상대의 성격을 판단하기 어려우면 이처럼 스트레스가 분출되는 상황에서 관찰하는 것이 좋다. 회사 생활에서도 힘든 업무가 며칠씩 계속될 때는 그 사람의 본성이 나오게 된다.

04

잘난 척하는 사람의 심리 세계

유명인의 의외의 측면을 보여 주는 TV 프로그램은 항상 사람들의 인기를 끈다. 인터뷰와 수기를 읽을 때도 마찬가지다. 생각지 못한 에피소드일수록 더욱더 관심이 가게 마련이다. 한창 인기를 구가하는 젊은 탤런트가 초등학생 때는 내성적이고 왕따였던 경우에 사람들은 흥미를 갖는다. 또 흠잡을 데 없는 미녀 여배우가 다리가 두껍다는 사실에 열등감을 느낀다는 내용 또한 관심의 대상이다.

우리 주변을 살펴보면 열등감과 어떻게 맞서느냐에 따라 인생이 크게 달라지는 경우가 있다. 열등감은 미래지향적인 시각으로 보면 자신을 분발시키는 원동력이 되기 때문이다. 달리기를 못해서 열등감을 가졌던 아이가 달리기 대신 수영을 열심히 해서 일류 선수가 되거나, 운동을 못하는 아이가 공부를 열심히 해서 학자로 성공하기도 한다.

정신분석학자 아들러는 이와 같이 열등감을 보완하기 위한 행동을 '보상'이라고 했다. 나폴레옹을 황제의 자리에 오르게 한 것은 '키가 작다'라는 열등감을 극복하고자 했던 보상 행동의 결과라고 볼 수 있다.

단, 보상 의식이 너무 강하거나 왜곡되면 이상한 성격이 된다. 경쟁심이 강하고 지기 싫어하며, 권위주의적이고 질투심이 많은 자기중심적인 인간이 되기 때문이다.

누구에게나 잘난 척하는 사람은 어쩌면 남에게 보이고 싶지 않은 열등감을 갖고 있을지 모른다. 그 열등감을 들키지 않으려고 선제공격을 하고, 남보다 먼저 선수를 쳐 이기겠다는 생각으로 애초에 거만한 태도를 보이는 것이다. 자신감이 넘치는 사람으로 보임으로써 열등감을 숨기고 있는 경우도 있다.

05

작은 실수 뒤에
무의식적 욕망이 숨어 있다

20대 중반의 한 편집자가 원래는 '괜찮습니다'라는 뜻의 일본어 '겟코데스'를 '결혼입니다'라는 뜻의 일본어 '겟콘데스'라고 잘못 써 온 일이 있었다. 전혀 엉뚱한 글이라 물었더니 동료가 얼마 전에 결혼했다고 한다.

이 편집자가 틀리게 쓴 이유는 동료의 결혼으로 인해 자신의 마음속에 있던 결혼 욕구가 자극받았기 때문이다. 즉 '결혼하고 싶다'라는 소망이 일본어 발음 '겟코괜찮음'를 '겟콘결혼'으로 쓰게 했던 것이다. 더구나 평소에 이런 실수를 저지를 편집자가 아니기 때문에 뭔가 심리적인 요인이 작용했음을 짐작할 수 있었다.

이와 같이 말을 잘못 듣거나 쓰는 일, 망각 등 일상적으로 일어나는 사소한 실수 뒤에는 무의식적인 의도와 소망이 감춰져 있는 경우가 있다.

이 점을 맨 처음 제시한 사람이 정신분석학의 창시자 프로이트다. 그는 실수와 실패를 '착오 행위'라고 부르고, 본래의 의도의식된 의도와 그것을 방해하려고 하는 의도(무의식의 의도)가 마음속에서 서로 충돌해 일어나는 것이라고 생각했다. 그의 독특한 발견으로 단순한 우연과 부주의를 통해서도 본인도 의식하지 못한 마음을 읽을 수 있게 되었다.

예컨대 회의를 주재하는 의장이 첫 인사말에서 "그러면 이것으로 회의를 시작하겠습니다"라고 해야 할 말을 "그러면 이것으로 회의를 마치겠습니다"라는 말실수를 했다고 한다면, 그의 마음속에는 '이 회의가 빨리 끝났으면……' 하는 마음이 잠재돼 있다는 뜻이다.

1995년에 프랑스가 무루로아 환초에서 핵실험을 강행하려고 했을 때, 프랑스 외상이 연설하는 자리에서 "핵무기 확산에 반대하는 투쟁은……"이라고 말해야 할 원고를 "핵실험 확산에 반대하는 투쟁은……"이라고 말하는 해프닝이 벌어졌다.

일본의 NHK 방송의 한 가요 프로그램에서는 사회자가 출연자를 소개할 때 "미야꼬 하루미 씨"라고 해야 할 것을 "미소라 히바리 씨"라고 잘못 말한 일이 있었다. 이 사회자는 가수 미소라 히바리의 열렬한 팬이었던 것이다.

이 두 가지 경우 모두 마음속으로 깊이 생각했던 일(핵실험을 재개하고 싶지 않다, 출연자가 미소라 히바리였으면 좋겠다)이 무심결에 입 밖으로 잘못 나온 것이다.

망각도 착오 행위의 하나이다. 싫은 사람의 이름이 좀처럼 떠오르지 않는 경우가 있다. '떠올리기 싫다'라는 마음이 기억하는 일을 억압해서 일어나는 현상이다. 이와 같이 기억이 차단되는 일을 '메모리 블록'이라고 한다.

직장의 경우, 신입 사원이 이런저런 아이디어를 내도 아예 무시하거나 기억에 담아 두지 않는 상사가 있다. 어떤 계기가 있어 사원이 "과장님, 지난번에 제가 말씀드렸는데요"라고 말하면 "아냐, 난 들은 적이 없어"라고 대꾸한다. 이 과장은 그 당시에는 들었겠지만 '아직 아무것도 모르는 초보자 주제에……'라는 의식 때문에 기억을 떠올리는 것 자체를 거부하는 것이고, 그것이 망각 상태로 나타나는 것이다.

또 책꽂이에 중요한 서류를 넣어 두고 잊었다고 하자. 그것은 '이 일은 하고 싶지 않다'라는 마음이 '서류를 기억하지 않겠다'라는 무의식의 심리로 작용한 탓이다.

아무것도 아닌 행위도 깊이 파고들면 이처럼 심리적인 '이면'이 보이는 경우가 있다.

06

실패했을 때 소란 피우는 사람, 대범하게 처리하는 사람

실패를 경험했을 때 취하는 행동은 사람마다 가지각색이다. 큰일이라도 난 듯 소란을 떠는 사람이 있는가 하면, 당황하지 않고 냉정하게 대처하는 사람도 있다. '모든 것은 내 책임이다'라고 말하고 풀이 죽는 사람이 있는 반면, 이상하게 여겨질 만큼 신경 쓰지 않는 사람도 있다. "뭐, 그럴 수도 있지. 죽는 일도 아니고 신경 쓴다고 해결될 일도 아니잖아." 이런 식으로 말하는 사람도 많다. 이런 때야말로 평소 볼 수 없는 심리와 성격이 나타난다.

이처럼 대처 방법에 차이가 나는 요인으로는 몇 가지를 꼽을 수 있다. 한 가지는 경험의 차이다. 많은 경험을 축적해 온 사람은 실패도 이미 경험했고 실패의 가능성과 대처법을 염두에 두고 있기 때문에 소란 피우지 않고 냉정하게 대처할 수 있다. 그러나 경험이 부족하면 이런 냉정한 처신이 어려워진다.

심리학으로 말하면, '자아관여'의 차이로 설명할 수 있다. 대상에게 자신을 어느 정도 관여시키고 있는가 하는 점이다. 자아관여가 강하면 실패했을 때의 충격이 그만큼 크다. 공황 상태에 빠지고 자신감을 상실하며 실망감도 클 것이다. 반대로 자아관여가 약하면 실패로 인한 쇼크도 그만큼 작다.

'일은 월급만큼만 하면 돼. 출세하고 싶은 마음도 없고'라는 식의 말이 입버릇인 사람은 업무 자체에 자아관여를 하지 않는 사람이다. 이런 사람이라면 회사가 실패를 한다 해도 '나와는 상관없어' 하는 식으로 끝낼 것이다.

성격 분류로 말하면 '내적 통제형'이냐 '외적 통제형'이냐의 차이와 관계가 있다. 이 성격 분류는 로터라는 심리학자가 제창한 것이다. 내적 통제형인 사람은 성공하느냐 실패하느냐를 자신의 능력과 노력 여하로 보는 경향이 있는 반면, 외적 통제형인 사람은 성패를 운, 우연, 운명, 사회 등 자신이 개입할 수 없는 요소로 결정된다고 본다.

따라서 내적 통제형인 사람은 실패한 자신을 책망한다. 이와 같은 사람은 자기 억제를 잘 하고, 조용하며 안정된 관계를 만든다. 반면에 외적 통제형인 사람은 '경기가 나쁘니까' '운이 없었다' 이런 식으로 자기 밖에서 원인을 찾기 쉽다. 성격이 활발하고 말하기를 좋아하는 사람이 이 유형에 많이 속한다.

07

무심코 하는 말 속에서 상대방의 콤플렉스 찾는 법

일반적으로 열등감과 콤플렉스는 같은 의미로 사용되지만 심리학에서는 서로 다른 것으로 본다. 콤플렉스는 '복잡하게 서로 맞물린 감정'이고, 대부분의 경우 어떤 대상에 대한 의존심과 독립심의 갈등에 의해 일어나는 경우가 많다.

콤플렉스에는 몇 가지 종류가 있다. 가장 빈번한 것은 친자 간의 콤플렉스오이디푸스 콤플렉스, 혹은 형제간의 콤플렉스카인 콤플렉스이다. 또한 '가슴이 작다' '키가 작다'라는 기관 콤플렉스도 많다. 기관 콤플렉스는 열등감과 중복되는 것이다.

대부분의 경우 열등감은 본인이 의식하는 감정이지만, 콤플렉스는 본인이 의식하지 못하는 무의식의 감정이다. 똑같은 열등감이라도 본인이 느끼고 있는 것이 열등감, 느끼지 못하는 것이 열등 콤플렉스라는 얘기가 된다.

사랑하는 남자가 있는데 막상 결혼하려고 하니 선뜻 내키지 않아 고민된다. 그 이유가 확실하지 않다. 그런데 의외로 깊은 부분까지 파고들어 원인을 찾아보니 부친에 대한 콤플렉스 때문이었다.

특별히 이유는 없는데 어머니의 얼굴만 보면 마음이 불편해진다. 그런 자신이 싫은데도 왠지 고쳐지질 않는다. 이럴 때 전문가가 분석해 보면 모친에 대한 콤플렉스가 발견되는 경우도 있다.

콤플렉스가 있느냐 없느냐, 있다면 어떤 것인가를 조사하는 전문적인 몇 가지 방법이 있다. 무엇보다 일반적인 것이 심리학자인 융이 개발한 '연상 검사법'이라는 것이다.

어떤 말자극어을 던진 후 그 말에서 연상되는 단어반응어를 대답하게 한다. 예컨대 '구름'이라는 말을 던지고, '하늘'이라고 답하는 형식으로 검사하는 것이다.

검사하는 사람은 여러 가지 각도에서 선택한 많은 자극어를 주고, 연상해서 되돌아오는 말반응어 내용, 말이 되돌아오기까지의 시간, 되물음의 유무"네? 뭐라구요?" "○○입니까?" 등를 체크한다. 반응어가 부자연스럽고 일반적이지 않거나 반응 시간이 오래 걸리거나 자꾸 되묻는 경우에는 그때의 자극어와 관련한 사항에 콤플렉스가 있다고 판단을 내린다.

아버지에게 콤플렉스를 갖고 있을 경우, 아버지와 관련된 말예를 들어 '담배'을 내놓으면, 보통은 '아버지'라는 말을 연상하는데, 그것을 말로 하는 데 망설임이 있기 때문에 머릿속에서 2단계나 3단계 연상을 반복하고 나서예컨대 부친→돈→저축 말을 꺼낸다.

그러므로 단어가 나올 때까지 시간이 걸릴 뿐더러 그 단어도 부자연스럽다. 때로는 연상하는 것이 싫기 때문에 못 들은 척하고 다시 묻는 경우도 있다.

이것을 일상 대화에서 응용해 보면 상대방의 콤플렉스를 찾을 수 있다. 특정의 말과 내용이 나오면 말이 멈추거나, 갑자기 화제를 바꾸거나, 대답이 갈팡질팡하는 일이 있으면 거기에 관한 콤플렉스를 갖고 있다고 생각한다.

- 가족 얘기를 하고 있을 때, 자신의 아버지 얘기를 전혀 하지 않는다
- 아버지에 관한 화제가 오르면 순간 말을 바꾸려고 하며, 자신의 아버지에 대해서는 말하더라도 형식적인 내용으로 시종일관한다(본질적인 내용을 다루지 않는 한 이름, 회사, 연령, 취미는 말하지만 자신에게 어떤 존재이며 좋은지 싫은지에 대해서는 언급하지 않는다)
- 아버지가 화제에 오르면 순간 이유를 대며 자리를 뜬다(아버지에 대해 말하고 싶지 않거나 그 화제를 거부하는 심리 표출)
- 아버지의 얘기가 나오면 자신의 이야기보다 친구의 아버지 얘기로 화제를 바꾼다(드라마 속에 나오는 아버지의 얘기로 화제를 바꾼다)
- 아버지에 관한 말은 되도록 짧게 끝내려고 한다("아버지 역할도 쉬운 일은 아니죠"라는 한마디로 마무리짓고 화제를 끝낸다)

이상과 같은 경우라면 그 사람은 아버지에 대해서 어떤 콤플렉스를 갖고 있는 게 분명하다. 어머니든 다른 무엇이든 마찬가지이다.

또한 직접 '아버지'의 일이 아니라도 아버지와 관계되는 화제담배, 신문, 술를 가지고도 위의 체크법을 사용할 수 있다. 어머니의 경우에는 찌개, 김치, 된장국, 앞치마 등이 될 것이다.

08

'난 바보야'라며 자신을
비하하는 사람의 진심은?

우리 주변에 "나는 무능해" 혹은 "나는 왜 이렇게 일처리가 더딘지 모르겠어" 이런 식으로 자신을 비하하는 말을 입버릇처럼 하는 사람이 있다.

이것은 남에게 좋은 인상을 주고 호의적인 반응을 이끌어 내기 위한 심리적인 작전이다. 이러한 행동을 영합 행동이라고 하고, 자신을 상대보다 낮추는 일도 그 중 하나다. 자신에 대해서 부정적인 말, 비하하는 듯한 말을 함으로써 상대로부터 호의나 원조, 보호를 이끌어 내고자 하는 것이다.

미용실에 다녀온 후에 "머리 모양이 내게 어울리지 않아"라며 불평을 하는 사람이 있다. 이 말은 진심이 아니라 상대가 칭찬을 해 주기를 기대하는 마음에서 하는 영합 행동이라고 생각하는 쪽이 좋다. 무심코 "네 머리 모양 정말 이상하다"라는 식으로 말을 했다가는 상대의 기분을 상하게 만들 것이다.

한편 자신의 능력과 업적을 숨기기 위해서 '바보 연기'를 하는 영합 행동도 있다. '뛰어난 매는 발톱을 숨긴다'고 하지 않는가. 여성과 남성은 바보 연기를 하는 상대에 차이가 있다고 한다. 여성은 종종 남편 앞에서 바보 연기를 하고, 남성은 아내가 아니라 상사나 동료들 앞에서 바보 연기를 한다고 한다.

09

시험 전날엔 왜 청소가 하고 싶을까?

고교생들의 수영 경기 대회가 다가오고 있다. 선수의 순위를 결정하는 중요한 대회이니만큼 연습에 열중할 수밖에 없는 시기다. 이때 연습량을 평소보다 늘리는 학생도 많지만, 다른 한편으로는 평소보다 연습량을 줄이는 선수들도 있다.

왜 그럴까?

실패는 누구에게나 괴로운 일이다. 자신의 능력과 의욕내적 요인이 원인이 돼 실패한다면 정신적으로 타격이 크고 프라이드 또한 상처를 입는다. 하지만 몸 상태가 안 좋거나 경험 부족 등 외적인 요인이 만들어지면 타격을 크게 받지 않아도 된다. 그래서 자신감이 없는 사람은 실패했을 때를 대비해 예방책을 펴 두는 작전으로 들어간다.

자신에게 핸디캡을 부과해서 외적인 요인을 만들어 내는 이것을 '셀프 핸디캐핑Self-handicapping'이라고 한다. 미리 심리적인 탈출구를 준비해 두는 것이다.

일부 수영 선수들이 연습량을 줄인 것은 '연습 부족'이라는 셀프 핸디캐핑을 하고 있는 것이다. 좋지 않은 결과로 끝나더라도 '충분한 연습을 못했기 때문'이라고 스스로에게 변명할 수 있기 때문이다.

공부를 싫어하는 아이가 시험만 다가오면 이상하게 소설을 읽고 싶거나, 평소에는 하지 않던 방 청소를 하는 것도 마찬가지다. 시험 결과가 나쁘면 '재미있는 책을 읽느라고' '청소하느라 바빠서'라는 식으로 변명할 핑계가 생기는 것이다.

셀프 핸디캐핑은 자신감 부족, 불안감의 표출이다. 한 가지 일에 셀프 핸디캐핑을 하는 사람은 다른 일에서도 마찬가지이다. 그런 사람들이 특히 중요한 사항에 대해서 셀프 핸디캐핑을 하는 경향이 있다.

10

술 마시며 한 약속은 술 마실 때 생각난다

"자네, 어제 이런 얘기를 하더군."
"어제 자네가 무슨 짓을 했는지 기억하나?"

심야까지 술을 마신 다음 날에는 이런 말들이 오간다. "너무 많이 취해서 기억이 하나도 없어"라는 변명도 자주 듣는 말이다. '중요한 약속은 술자리에서는 하지 않는 게 좋다'는 증거인데, 그렇다면 그 변명이 진실일까?

심리 실험에서 재미있는 결과가 나왔다. 실험은 뭔가를 기억하고 떠올린다는 작업을, 맨정신일 때와 술 취한 상태일 때 각각에서 했다.

- 맨정신 상태에서 기억해 맨정신에서 떠올린다
- 맨정신 상태에서 기억해 술 취한 상태에서 떠올린다
- 술 취한 상태에서 기억해 맨정신 상태에서 떠올린다
- 술 취한 상태에서 기억해 술 취한 상태에서 떠올린다

실험 결과, 조건이 같을 때 기억을 떠올리기가 더 쉽다는 것을 알았다. 술 취해서 기억한 일은 취했을 때가 맨정신일 때보다 쉽게 떠오른다. 이유는 모르겠지만 실험 결과는 그렇게 나왔다. 따라서 술자리에서 있었던 일은 맨정신일 때 떠올리기가 어렵다. '술에 취해 있어서 기억이 안 난다'라는 말이 진심인 것 같다. 그렇다면 술자리에서의 약속을 기억나게 하려면 술에 취하게 만들어야 한다는 얘기가 될 수도 있다.

물론 자신이 뭔가 좋지 못한 행동을 했기 때문에 기억하고 있는데도 잊어버린 척하는 경우도 있을 것이다.

11

운전대를 잡으면 사람이 달라지는 이유

운전 중에 교통이 정체되면 누구나 조급한 마음이 든다. 보행자가 파란불에 건너고 있는데도 '왜 일부러 내 차 앞에서 느릿느릿 걸어가는 거지' 이런 생각이 들고, 자전거나 오토바이가 오면 '왜 저렇게 오락가락하는 거야'라며 짜증을 부린다.

운전하는 사람은 아마 잘 알 것이다. 이때는 생각만으로 그치는 게 아니라 실제 입 밖으로 자신의 불평을 꺼내 놓는 일이 많기 때문에 동승한 사람을 놀라게 하는 경우가 많다. '평소엔 온순하다가 운전대만 잡으면 사람이 달라지더라'는 평가도 따라오게 된다. 운전 방식과 언어가 평소의 언행으로는 상상할 수 없을 정도로 난폭해지기도 한다.

그러나 그다지 놀랄 일은 아니다. 운전하면 누구나 인격이 달라지게 된다. 그것을 '모터리제이션Motorization 현상'이라고 한다.

차 안은 자신의 퍼스널 스페이스세력권, 즉 '자신만의 개인적인 공간'이다. 따라서 눈에 비치는 풍경은 모두 영화의 한 장면이다. 운전하고 있는 자신도 사회를 구성하는 요소이기는 하지만 그런 감각은 어디론가 날아가 버린다. 사회적인 관계를 차단하고 자신만 차별화된 존재로 의식하게 되는 것이다. 그 때문에 많든 적든 자기중심적인 행동을 하게 된다. 따라서 자기 이외의 자동차나 보행자, 그리고 자전거에 대해서도 불만을 느낀다.

누구라도 그럴 수 있는 일이니까 친구나 아는 사람이 그런다고 해서 오해하지 않는 게 좋다. 운전대에서 손을 떼면 곧바로 사회적인 의식을 되찾을 테니까 말이다.

잠자는 자세로 알아보는 상대의 심리

사무엘 던켈이라는 미국의 정신분석의가 잠자는 자세에 관한 연구를 발표했다. 많은 환자와의 면접을 통해, 잠자리를 가지고 심리 상태 및 성격과의 관련을 분석한 것이다.

★ **얼굴과 배를 감추듯이 둥글게 말고 잔다_태아의 침상**
자신의 내부 속으로 파고드는 자세이며 항상 누군가에게 보호받고 싶다는 의존심이 강하다.

★ **옆을 향해서 무릎을 약간 구부리고 잔다_반태아의 침상**
자주 쓰는 팔을 밑으로 가게 한다. 균형을 이룬 안정된 성격이며 남에게 안도감을 준다. 환경에 적응하는 능력이 높다.

★ **엎드려 잔다_엎드린 침상**
침대를 독점하고 싶은 마음의 표출로 자기중심적인 성격이다. 일이나 약속에 관해서는 꼼꼼하고 정확하게 실행한다.

★ 큰 대大 자 모양으로 똑바로 누워 잔다_왕자의 침상

안정된 성격으로 자신만만하다. 개방적이고 유연한 정신의 소유자로, 어린 시절부터 부모의 관심을 한 몸에 받고 어려움 없이 자란 사람에게 많다.

★ 발목과 손목을 교차시킨 자세로 잔다_죄수의 침상

수갑에 채워진 죄수를 떠올리게 한다. 업무나 인간관계 면에서 고민과 불안에 사로잡혀 있다.

자고 있을 때는 누구나 무방비 상태가 되기 때문에 미처 몰랐던 심리를 읽을 수 있다. 여행지에서 타인의 자는 모습을 관찰하는 것도 재미있는 일이다.

재미있는 심리 이야기 12

집도 회사도 싫어요!

▶▶▶▶ 전날 밤에 술을 과음하고 회사에 지각한 젊은 기획 사원. 상사의 심기가 불편했던지 동료들 앞에서 심한 질책을 받았다. 그리고 다음 날, 중요한 회의가 있는데도 어제 일이 머릿속에 떠올라 회사에 갈 마음이 들지 않는다. 꾸물거리다가 출근 시간을 넘겨 버려서 결국 결근을 택했다. 그대로 빈둥빈둥 3일 간을 쉬었다. 그 후 어떻게 해서 출근은 했지만 툭하면 무단결근을 하는 사람이 되었다.

건강이 안좋은 것도 아닌데 왠지 회사에 가기 싫다는 비즈니스맨이 꽤 많다. 숙취다, 컨디션이 나쁘다, 참석하고 싶지 않은 회의가 있다, 업무상 실수가 거듭되었다 등 회사에 가기 싫으면 이유는 얼마든지 들 수 있다.

그런 날에도 어떻게든 스스로를 다독이며 출근하는 것이 대부분이지만, 그래도 쉬는 쪽으로 마음이 기울면 몇 번씩 결근하게 되고, 결국 그 상태로 가면 출근 거부증이 된다. 독신이라면 이불 덮고 자 버리면 그만이지만, 처자식을 먹여 살려야 한다면 그럴 수도 없다. "다녀올게"라며 집을 나와서 영화관이나 공원에서 시간을 보내다가 아무것도 먹지 못한 얼굴로 집으로 들어간다. 그렇게 하는 사이 회사에서 전화가 걸려와 무단결근이 발각되는 경우도 있다. 개중에는 그대로 실종해 버리는 경우도 발생한다.

그것은 주로 평소의 불만이나 업무 내용에 대한 부적응으로 자기 실현을 할 수 없다는 점이 요인이다. 한편 불만의 대상이 가정이면 '귀가 거부증'이 되는데 가족이 모두 잠든 후에 몰래 귀가하곤 한다.

어떤 조사에 따르면 샐러리맨이 가정에서 주로 머무는 곳은 '침실', 마음이 제일 편한 시간은 '목욕 시간'이라고 나왔다. 씁쓸한 현실이다.

제8장

일상생활 속에서 관찰하는 상대의 심리

누군가가 "술 한잔, 어떻습니까?"라고 청한다면
가는 곳은 상대에게 맡기는 게 좋다.
단골 가게로 당신을 초대하는 이유는
'우리 넥타이를 풀고 업무 관계를 떠나 친구로 사귀어 보자'라는 의미다.

01

수다쟁이의 두 얼굴

당신에게 누군가가 수다를 떤다면 '당신과 사이가 좋다' '서로 이해하고 싶다'라는 의미의 사인이다. 따라서 그런 사람에게는 좋은 인상을 갖기 쉽다.

그런데 심리적인 면으로 말하면 수다쟁이에게는 두 가지 타입이 있다.

첫 번째 타입은 수다 자체를 좋아해서 수다를 잘 떠는 사람, 즉 외향적인 성격의 사람이다.

두 번째 타입은 침묵하는 일이 두려워 계속해서 떠드는 사람이다. 침묵하는 일, 대화가 멈추는 일은 일반적으로 마이너스의 사인이다. 이 점을 너무 의식한 나머지 대화가 끊어지는 침묵의 시간을 참을 수가 없다. '나를 싫어하니까 입을 다물고 있다'라고 상대방이 생각할까 두려워 침묵할 수가 없는 것이다.

이런 사람은 '미움을 사지 말고 마이너스 인상을 주지 않으려는' 의식이 강하기 때문에 항상 긴장한 상태다. 외면적으로는 첫 번째 타입과 비슷하지만 내면으로는 하늘과 땅 차이다.

두 번째 타입의 사람과 장시간 대화하다 보면 피로가 한꺼번에 밀려온다. 상대의 긴장이 내게로 전달되기 때문이다.

말하는 방식이 일방적이고 상대방에게 질문하는 일이 적은 것도 두 번째 타입의 특징이다. 그래서 상대방의 얘기에 귀를 기울이지 않는, 자기중심적인 인상을 준다. 대인관계가 서투르기 때문에 고독감을 느끼고 있는 것이라고 추측할 수 있다.

02

말을 하다가 갑자기 입을 다무는 이유는?

 미국의 대통령이었던 링컨은 중요한 사항을 얘기할 때는 약간 침묵하고 난 다음에 말하는 습관이 있었다고 전해진다. 얘기하던 사람이 갑자기 침묵하면 듣는 쪽은 '왜 그러지?'라는 생각에 주의를 기울이도록 되어 있다. 그때 얘기를 하면 얘기가 잘 통한다는 것을 링컨은 알고 있었던 것이다.

 링컨처럼 의식적인 테크닉으로 사용하지 않아도 중요한 말은 침묵한 후에 하는 일이 많다. 카운슬링을 할 때도 자신의 내면과 관계되는 일은 말하기가 매우 어렵다. 말을 잘 골라서 하거나, 생각을 정리하는 동안에 잠시 동안 입을 다물었다가 뗀다. '침묵 후에 중요한 핵심을 말하라'는 것이 카운슬링 룰의 하나인 것이다.

 경험이 별로 없는 카운슬러는 상대가 침묵해 버리면 그 순간이 불안해서 자기부터 먼저 말을 시작해 버린다. 그래서 실패하는 일이 많다.

 TV에서도 보면 상대방이 입을 열기 전에 자신이 먼저 말해 버리는 사회자가 있다. 입을 다물고 상대방이 말하도록 맡겨 두는 쪽이 훨씬 더 얘기를 잘 이끌어 내는 것인데도 상대방의 얘기를 기다릴 수가 없는 것이다. 이렇게 되면 자칫 알맹이 없는 인터뷰로 끝나고 만다.

상대가 침묵하면 상대에게 맞춰서 기다려 줘야 한다. 당황한 나머지 쓸데없는 말을 할 필요는 없다.

침묵한 후에 중요한 핵심을 말하라

03

깊은 인간관계란
즐거운 과거를 공유할 수 있는 관계

몇 년 전부터 필자는 학교에서 문제를 일으키는 소년들을 상대로 카운슬링을 해 오고 있다. 그러던 중에 부자관계에 관해서 흥미로운 사실을 한 가지 깨달았다.

한 학생의 아버지에게 "저 아이는 어린 시절엔 어떤 아이였습니까?"라고 물었다. 그러자 "저와 캐치볼을 자주 하고 캠프에 참가하기도 했습니다. 함께 많은 시간을 보냈지요"라는 대답이 되돌아왔다. '나는 좋은 아버지'라는 자부심이 느껴지는 대답이다. 그 다음에 아이와 상담할 때 "아버지와 자주 즐거운 시간을 보냈니?"라고 물어보았다. 그러자 "아버지와 즐거운 시간을 보낸 적이 없어요. 전혀 기억이 없어요" 이렇게 대답하는 게 아닌가.

이런 경우가 흔히 있다. 왜 그럴까?

이유는 함께한 일이라 해도 그때 가졌던 마음이 서로 다르면 기억되는 정도가 다르기 때문이다. 예컨대 이런 일이다.

똑같은 일을 가지고도 아버지는 '아들과 캐치볼을 했다. 우리는 사이가 참 좋았다'라고 믿고 있는 반면에, 아이 쪽은 '아버지와 하는 건 조금도 재미있지 않아'라고 생각했던 것이다.

이렇게 되면 아이의 기억에는 거의 남지 않는다. 하지만 아버지 쪽은 아이와 대조적으로 만족감과 사명감을 갖고 있기 때문에 그 기억을 잊지 않고 있다.

이런 경우 아버지의 행동이 형식적이었다면 캐치볼도, 캠프도, 그 자체를 하는 것만으로 '자신은 좋은 아빠다'라고 여기기 쉽다. '어떻게'는 문제가 아니다.

그 점은 "그때 아이는 어떤 모습이었는지 기억나십니까?"라는 질문을 해 보면 알 수 있다. "아이가 무척 즐거워했다." "정신없이 노는 바람에 아들이 상처가 났다"라는 식의 대답을 기대하고 한 질문인데, 아버지는 그 질문에 대답할 말이 없다고 했다.

결국 아버지는 '자식을 위해 내가 무엇을 했는가, 무엇을 해 주었는가'라는 것만이 의식에 남아 있고 아이는 그때의 일을 기억하지 못한다. 따라서 사실만 설명하는 것으로 끝이 나게 마련이다. '아이를 위해서였다'라면서 정작 아이는 보지 않고 자신밖에 생각하지 않았던 것이다.

이런 형식적이고 표면적인 방식은 진정한 아버지와 자식 간의 관계라고 할 수 없다. 아이가 문제를 일으키는 원인이 전적으로 부자 관계 때문인 것은 아니지만 전혀 무관한 일도 아니다.

기억의 구조란 재미없는 일이라도 선명히 기억되는 경우가 있고,

반대로 상당히 큰 사건이라도 기억하지 못하는 경우가 있다. 이 차이는 감동의 차이에서 온다.

아이에게 물어 보면 알겠지만 호화로운 레스토랑에서 식사한 것보다 기차역에서 파는 소박한 국수가 기억에 또렷이 남는 경우도 있다. 아이가 정말로 맛있게 먹은 것은 스테이크가 아니라 국수였던 것이다.

이렇듯 기억이나 추억 속에 공통된 부분이 많으면, 똑같은 일을 하고 똑같은 것을 보고 듣고 먹었을 때, 함께 똑같은 감동을 느꼈다는 증거이다. 그런 사이가 진정한 부자관계이다.

공통된 추억은 공감의 바로미터이다. 부자관계만이 아니라 모자, 부부, 연인, 교우관계에서도 마찬가지이다.

여러분도 선명하게 기억나는 일 중에서 한 가지를 골라 그 시간을 함께 보냈던 사람에게 "그때 그 일 기억해?"라고 한번 물어 보자. 놀랄 수도 있을 것이다.

04

아무리 시끄러워도
내가 필요한 말은 들린다

녹음기를 켜고 거리를 돌아다니는 실험을 한번 해 보자. 나중에 재생해 보면 지하철역의 방송, 주위 사람들의 목소리, 자동차 소음, 가게에서 흘러나오는 음악 등 너무 많은 소리들이 녹음되어 있어 마치 자신이 소리의 홍수 속을 걸은 듯한 느낌이 들 것이다.

그러나 실제로 걷고 있을 때는 대부분의 소리가 귀에 들어오지 않는다. 아니 물리적인 음파로 귀에는 들어오겠지만 소리로 지각되지는 않는다.

이같이 인간의 귀(청각)는 필요에 따라 소리를 선택해서 들을 수 있는 성질이 있다. 지하철의 심한 소음 속에서도 상대방의 얘기를 잘 들을 수 있는 것은 그 성질 덕분이다. 불필요한 소음은 닫아 버리고, 말하는 상대방의 목소리만 담는 것이다.

심리학에서는 이것을 '칵테일파티 효과'라고 부른다. 파티장이 아무리 시끄러워도 말을 나누고 싶은 상대의 목소리는 또렷이 들려오는 현상을 의미한다. 사소한 신호라도 필요한 것이라 의식하면 증폭

해서 들을 수 있다.

반대로 보청기를 끼어도 주위에 잡음이 있으면 듣고 싶은 소리나 목소리를 듣기가 힘든 것은, 이러한 선택적인 칵테일파티 효과가 작용하지 않기 때문이다. 귀가 먼 노인에게 '이상하게 안 반갑고 나쁜 소리만 잘 들린다'라는 것도 칵테일파티 효과의 하나이다.

칵테일파티 효과의 반대말은 역 칵테일파티 효과라 할 수 있다. 인간의 귀는 관심 없는 일, 의식적으로 듣지 않으려고 하면 실제로 안 들릴 수 있다는 얘기가 된다. 그 점에서 기억하느냐 못 하느냐, 어떤 일을 기억하고 있느냐로 그 사람이 '무엇에 관심을 갖고 있는가' '당신에게 관심이 있는가, 없는가'를 추측할 수 있다.

상사가 어떤 부하의 얘기를 금방 잊어버리는 것처럼 보인다면 '그

역 칵테일파티 효과도 있다

의 얘기는 어차피 대단한 내용이 아니니까 안 들어도 된다'고 생각한 다는 뜻이다. 한마디로 '오른쪽 귀로 듣고 왼쪽 귀로 흘려버리는 것' 으로, 그만큼 그 부하에 대한 관심과 평가가 낮다는 증거다.

또 작은 목소리로 말하는데도 제3자에게 잘 들리는 경우가 있다면, 그 제3자는 타인이 무슨 말을 하는가에 강한 관심을 갖고 있는 사람이다. 그는 인간관계에 대한 불안을 가지고 있으며 자신감이 없고, 타인이 자신을 어떻게 평가하는지 몹시 신경 쓰는 타입이다.

단순히 잡담으로 한 말을 상대방이 자세한 부분까지 기억하고 있다면, 그것은 당신에 대한 관심도가 상당히 높다는 것을 의미한다. '마이동풍馬耳東風'이라는 사자성어는 이처럼 심리적인 측면을 갖고 있다.

05

매사에 신중한 사람이
설득에 넘어가기 쉽다?

　사람들 중에는 대화 도중에 "좋은지 싫은지 빨리 결론을 말해 줘"하고 흑백을 분명하게 가르고, "요컨대 이건 이런 거야"라며 결론을 빨리 내리고 싶어 하는 사람이 있다. 이런 사람은 판단이 빠르기 때문에 머리 회전도 빠른 것처럼 보인다.

　한편 여러 각도에서 생각하면서 좀처럼 결론을 내리지 못하는 사람도 있다. 이쪽은 둔한 사람으로 보이기 쉽다.

　판단 속도의 차이는 성격만이 아니라 판단 방법과 관계가 있다. 어떤 한 가지 일을 가지고 얼마만큼 다양한 각도에서 생각하는가, 그 정도를 '인지의 복잡도'라고 한다. 인지의 복잡도는 다음과 같은 실험으로 판단된다.

　한 여성의 행동을 비디오에 담았다. 비디오의 내용은 간단하게 말하면, 노인이 힘겹게 계단을 올라가고 있는 모습을 보고 도와주는 장면_{장면 A}과, 술집 앞에서 남성과 말을 하다가 잠시 후에 술집으로 들어가 얼마 후 가게에서 나와서 둘이서 어디론가 가는 장면장면 B이다. 이 두 가지 장면을 보고 여성의 그 후 행동을 예측해 보라는 질문을 던지는 것이다.

그러자 인지의 복잡도가 낮은 사람은 장면 B에 주목하고 그 여성을 나쁘게 평가했다. 예컨대 '우연히 만난 남자와 호텔로 갔을 것'이라고 해석하는 것이다. 반면에 인지의 복잡도가 높은 사람은, 장면 A와 장면 B를 종합적으로 생각해서 평가한다. 따라서 '그녀는 호텔로 간 것이 아니라 역까지 걸어갔을 것이다'라는 식으로 해석하는 것이다.

인지의 복잡도가 낮은 사람을 극단적으로 표현한다면 사고가 경직된 사람이다. 몇 가지 연구를 보아도 알 수 있다. 별 고민 없이 좋은가 나쁜가, 오른쪽인가 왼쪽인가의 결론을 내리고 싶어 하는 권위주의적이고 인종적인 편견을 가진 인물이다. 가장 새로운 정보에 좌우되기 쉬운 것도 특징이다.

나중에 본 장면 B를 가지고 여성을 평가한 것은 그 때문이다. 한 번이라도 실패하면 곧 바로 '틀려먹은 놈'이라는 낙인을 찍어 버리지만 그 다음에 좋은 결과를 보이면 금방 또 '될 사람'이라고 칭찬한다. 눈앞의 정보에 따라 시시각각 판단이 금방 바뀌어 버린다. 그러나 판단이 빠르기 때문에 '대쪽 같은 사람'이라는 인상을 준다.

거기에 반해서 인지의 복잡도가 높은 사람은 쉽고 단순하게 결론을 짓지 않는다. '그런 면도 있고 이런 면도 있다'라는 식으로 말한다. 대체로 결단이 더디고, 우유부단한 성격으로 보일 수 있다. 그러나 다양한 정보를 재료로 판단하기 때문에 흔들리는 일이 적다.

그렇다면 설득하기 쉬운 점에서는 어떨까?

인지의 복잡도가 낮은 사람은 자신의 생각과 기호에 맞지 않는 것은 상대하지 않는다. 자신과 다른 의견도 받아들이려고 하지 않는다. 반대로 자신과 똑같은 의견이면 깊게 생각하지 않고 그대로 받아들인다. 이런 사람은 그 사람의 의견과 똑같은 방향으로 설득하기는 쉽지만, 반대 의견으로 설득하기란 상당히 어려울 것이다.

대신에 인지의 복잡도가 높은 사람은 대화에 잘 참여하며 상대편의 얘기도 잘 들어 준다. 단, 좀처럼 결론을 내리지는 않는다.

하지만 심리학 연구를 보면 많은 정보를 모으고 세밀한 부분까지 체크하는 사람은 설득당하기 쉽다는 것을 알 수 있다. 인지의 복잡도가 높은 사람을 설득하느냐 못 하느냐는 결국 당신의 수완에 달린 것이다.

06

왜 '한솥밥'을 먹으면 친밀감이 높아지는가

세일즈를 성공시키는 테크닉 중 하나로, '설득하기 어려운 상대는 식사에 초대하라'는 것이 있다. 음식을 먹으면 설득이 쉬워지기 때문이다. 이것을 '런천 테크닉'이라고 한다. 런천Luncheon이란 '가벼운 점심식사'를 의미한다. 물론 식사가 아니라 '차 한잔'의 경우도 있다.

'한솥밥을 먹어야 정이 생긴다'라는 말이 있듯이, 함께 식사를 하는 일은 서로의 친밀도를 높이는 데 효과적이다. 많은 사람이 식탁에 둘러앉아 함께 먹는 경험도 마찬가지다. 뭔가를 먹거나 마실 때는 식욕이 충만되어 기분이 좋아지고, 긴장감이 풀리며, 친근감이 생긴다. 이런 심리 상태에서는 상대에 대한 경계심과 거부감이 적어지고, 상대를 수용하는 마음이 생긴다. 상대의 얘기를 받아들이기가 쉬워지는 것이다. 결국 런천 테크닉은 마음을 움직이는 데 좋은 방법이다.

미국에서 실험을 통해서 음식과 의견 찬성의 관계를 조사한 적이 있다. 똑같은 내용의 얘기를 '땅콩을 먹거나 콜라를 마시면서 듣게 하는 경우'와 '아무것도 먹지 않고 얘기만 듣게 하는 경우'를 비교하였다. 그러자 전자의 실험에서는 얘기에 동조하는 사람이 많았다. 런천 테크닉은 이처럼 실험을 통해서도 확실한 효과가 있음을 알 수 있다.

또한 대부분은 설득하고자 하는 측이 식대 계산을 하기 때문에 '대접을 받았으니 뭔가 갚아야 한다'라는 심리도 작용하게 만드는 것이다. 자신에게 '호의를 베풀어 준 사람에게 반드시 보답해야 한다'라는 심리가 '반보성 원리' 혹은 '호의의 반보성'이다. 이 경우 이쪽에서의 '보답'은 곧 '상대의 얘기를 들어 준다, 상대의 얘기에 찬성한다'라는 것이다.

식사를 함께할 때의 심리의 메커니즘은 판단의 눈을 흐리게 만든다. 이 점을 유념하지 않으면 위험한 제안을 아무 생각 없이 받아들이는 실수를 범할지도 모른다. 상대방을 제대로 평가해야 할 때나, 제안 받은 얘기의 내용을 검토해야 할 경우 정확한 판단을 내리려면 함께 음식을 먹었을 때의 즐거움은 제외시킨 후 냉철하게 고민해야 한다.

게다가 얄궂게도 런천 테크닉의 효과는 식사 후에도 지속된다는 점이다. 음식을 먹으며 '맛있고 즐거웠다'라는 감정과 체험이, 그때 동석한 상대와 그곳에서 들었던 얘기의 내용을 함께 연결 지어서 기억하게 만든다. 이것이 '연합의 원리'이다. 그러므로 나중에 그때의 일을 떠올리면 즐거웠던 식사 경험과 그때의 상대가 머릿속에 함께 떠오른다. 그 결과 상대와 화제에 호의적인 감정이 생기는 것이다.

"식사라도 하면서 천천히 얘기해 볼까요?"

"밖에서 차라도 마시면서 얘기하죠."

이런 식으로 상대가 청해 왔을 때, 게다가 그 상대가 당신을 설득하려는 의도가 다분한 인물이라면 위의 기억을 떠올리고 그 자리에 임하는 게 실수를 피하는 길이다.

07

조직의 분위기는 '핵심 인물'을 보면 알 수 있다

 군중의 행동 중에서 '미링'이라고 불리는 현상이 있다. 많은 사람이 모여 있을 때, 한 사람이 분노를 표현하면 그것이 소용돌이처럼 주위에 번져나가는 것을 가리킨다. 선동자가 격한 감정으로 "해치우자!"라고 선동하면 주위 사람에게 그것이 전파되어 폭동이 일어나는 것이 그런 경우이다.

 미링은 원래 양이나 소떼의 움직임에서 나온 말이다. 양떼가 풀을 먹고 있을 때, 그 중 한 마리가 몸의 방향을 바꾸면 금방 옆에 있던 양도 방향을 바꾼다. 그러면 또 그 옆의 양이 방향을 바꾸고, 그것이 점차 주위로 퍼져나가서 무리 전체가 소용돌이에 말린 것처럼 대이동을 시작하는 것이다. 이것이 미링이다. 주의해서 보면 만원 지하철 속에서도 비슷한 현상이 일어나는 것을 알아차릴 수 있다. 한 사람이 몸의 방향을 바꾸면 주위 사람들도 몸을 움직여서 각기 편한 자세를 취한다.

 양떼는 몸 움직임에 그치지만 사람의 군중 행동은 심리 상태의 확

핵심 인물이 어두우면 어두운 직장

핵심 인물이 밝으면 밝은 직장

대, 즉 '감정의 전파'가 일어나는 데 포인트가 있다. 감정의 전파에 관한 친근한 예로는, 극장에서 영화를 보다가 옆 사람이 손수건을 꺼내 훌쩍훌쩍 울기 시작하면 왠지 나도 모르게 슬퍼져서 눈물이 나는 경우다. 또한 옆자리에서 웃음이 퍼지기 시작하고 주위 사람들이 한꺼번에 웃으면 이상하게 따라 웃게 된다. 어린아이들은 특히 뭔가를 계기로 한 아이가 웃음을 터트리면 웃음이 전체로 퍼지는 일이 종종 있다.

가정이나 직장에서도 비슷한 메커니즘이 작용한다. 이것을 '감정의 반향'이라고 한다. 그 자리의 분위기를 좌우하는 것은 중심적인 인물, 즉 키맨Key Man이다. 가정에서는 부모, 직장에서는 부장이나 과장일 것이다.

부모가 밝은 성격이라면 밝은 가정이 형성되지만, 반대로 어두운 성격이면 가족 전체의 분위기도 어두워지는 경향이 있다.

직장에서도 마찬가지다. 밝은 사람만, 혹은 어두운 사람만 모여 있는 게 아닌데도 왠지 밝은 직장과 어두운 직장의 차이가 만들어지는 것은, 전체의 분위기가 핵심 인물의 인품에 반영되고 있는 것이다.

핵심 인물을 보면 그 사람을 중심으로 한 조직의 분위기를 알 수 있고, 반대로 그 조직의 분위기를 보면 핵심 인물의 인품을 추측할 수 있다.

08

자신의 단골 가게로
상대를 초대하는 심리는?

단골 선술집에 들어가면 익숙한 얼굴이 반갑게 맞아 준다. 아무런 말을 하지 않아도 좋아하는 술이 나오고, 편안한 기분으로 일과 가정을 잊고 잠깐 동안 느긋한 시간을 즐길 수 있다.

이런 단골 가게는 그 사람에게는 하나의 영역, 즉 세력권이다. 누구든지 자신만의 영역에서는 느긋하게 본래의 자신을 되찾을 수 있다. 여기에서는 지위나 아버지, 남편이라고 하는 역할을 잊어버릴 수 있다. 단골 가게는 이런 편안함을 가져다준다. 술을 마시는 것은 2차적인 목적이다.

심신증이나 정신질환자는 병원에 입원한 것만으로도 증상이 좋아졌다가 퇴원하면 다시 증세가 재발하는 경우가 있다. 입원함으로써 병원 안에 자신의 장소, 세력권이 만들어지기 때문이다.

마찬가지로 단골 가게도 그 사람에게 있어 자신만의 공간이라고 할 수 있다. 스트레스를 해소하는 중요한 장소인 것이다. 단골 가게를 자주 가는 사람은 심리적인 치유를 위해 찾아가는 사람, 그것을 필요로 하는 사람이다.

　같은 연배의 아주머니가 간소한 메뉴를 파는 자그마한 식당, 그리고 가정적인 분위기의 가게가 단골 가게가 되기 쉽다.

　누군가가 "술 한잔, 어떻습니까?"라고 청한다면 가는 곳은 상대에게 맡기는 게 좋다. 단골 가게로 당신을 초대하는 이유는 '우리 넥타이를 풀고 업무 관계를 떠나 친구로 사귀어 보자'라는 의미다. 자신의 단골 가게로 초대하는 상대는 당신에게 강한 친근감을 가지고 있다. 당신도 그런 마음으로 사람을 사귈 필요가 있다.

09

친밀도를 체크하는 몸동작

'엿본다'는 말의 의미가 바람직한 것은 아니지만, 어쨌거나 타인의 관계를 추측해 보는 일은 상당히 흥미로운 일이다.

벤치에 앉아 있는 남녀 커플은 어느 정도 친한 관계일까? 이것은 순수한 호기심이지만 당신이 호감을 갖고 있는 여성남성일 경우, 사귀고 있거나 친한 남성여성이 있는가 하는 사안은 상당히 절실한 문제가 된다.

동기생은 유력한 상사와 어느 정도의 친분을 쌓고 있는지도 많은 직장인들이 궁금해한다. 출세를 목표로 삼은 비즈니스맨이라면 친분을 유지하기 위해서는 인간관계를 제대로 읽어야 하기 때문이다. 옆자리 동료와의 사귐이든 친한 사람들과의 관계든 간에, 인간관계의 관찰은 분명히 어떤 식으로든 도움이 될 것이다.

보통 인간관계를 읽기 위해서는 대화의 내용과 질의응답, 편지와 전화의 왕래, 면담과 데이트의 횟수 등이 중요한 단서가 된다.

여기에서는 두 사람이 대화하는 장면을 당신이 조금 떨어진 곳에서 보고 있다고 상상해 보자. '조금 떨어졌다'라는 것은 얘기의 내용과 세밀한 표정의 변화는 모르지만 몸동작은 쉽게 알 수 있을 정도의 거리를 의미한다. 이때 다음과 같은 점이 친밀도 체크의 포인트가 된다.

★ 서로의 시선

서로가 마주 보는 횟수와 시간이 친밀도를 말해 준다. 마주 보는 횟수가 많을수록, 또 마주 보는 시간이 길수록 두 사람은 친밀한 관계다. 보통은 얘기를 할 때 시선을 주고받지만 연인들끼리라면 말을 주고받지 않는 상태에서도 긴 시간 계속해서 마주 본다.

★ 자세와 어깨 방향

서로 마주 향한 정도가 강할수록 서로 친한 사이다. 나란히 앉아 있는데도 서로 얼굴을 마주 보며 얘기하고 있다면 상당히 친하다. 두 사람이 모두 정면을 향한 상태의 시간이 길면 업무상이나 뭔가 의례적인 관계라고 볼 수 있다. 서로 마주 보며 앉아 있는데도 서로의 시선이 마주치지 않도록 반대 방향으로 비스듬히 앉아 있다면 오히려 소원한 관계이다. 먼 사이이거나 한창 다툼 중일지도 모른다. 혹은 모르는 사이다. 미묘한 구별은 어깨 방향으로 읽을 수 있다. 상반신으로는 거의 친밀감이 안 느껴지는데도, 어깨 각도가 서로의 방향을 향해 있다면 상반신으로 읽을 수 있는 정도보다는 친밀한 관계임을 알 수 있다.

★ 접근 거리

친한 사람들끼리일수록 서로의 몸에 접근한다. 똑같은 방향을 향해 앉아 있을 때, 남녀 커플이라면 어깨와 어깨 사이가 약 20cm가 표준적인 거리다. 이보다 가깝다면 아주 친한 사이라는 얘기다. 반대로 떨어질수록 친밀도는 낮아진다. 동성끼리도 이 거리를 통해 친밀도를 가늠할 수 있다. 테이블이 좁아서 대면하고 있는 경우에는 상반신, 특히 머리의 거리를 지표로 해서 생각하면 될 것이다.

마주 안는 등 서로 몸을 접촉시키고 있다면 친밀도가 깊은 것은 말할 필요도 없다.

★ 자세 반향

서로의 자세와 동작이 똑같은가 아닌가도 중요한 지표이다. 손과 다리 위치와 동작이 같을 때가 많으면 친한 관계다. 잠시 관찰하면서 한쪽이 바꿨을 때 곧바로 상대방도 똑같이 바꾸는 등 리듬이 자연스럽게 맞는다면 상당히 친한 사이다.

★ 다리를 교차시키는 방식

나란히 앉아 있는 두 사람이 다리를 꼬고 있는 경우에는, 꼬고 있는 쪽 다리에 주목한다. 발끝이 서로의 방향을 향해 있다면 상당히 친하다. 두 사람이 다리를 사용해서 자신들의 세계를 주위로부터 둘러싸고 있는 것이다. 발끝이 서로 딴 곳을 향해 있다면 먼 사이다.

어느 한쪽 사람만이 상대방의 방향으로 발끝을 돌리고 있는 경우에는 그 사람은 상대방에 대해서 호의를 갖고 있지만, 상대방은 그렇지 않다고 생각할 수 있다.

친밀도 체크 포인트

서로의 응시
마주 보는 횟수와 시간이 길수록 친밀

자세와 어깨의 방향
서로 향하는 정도가 강할수록 친하다
어깨의 각도가 서로에게 향하고 있어도 친하다

접근 거리
친한 사람들일수록 가깝다
남녀 커플이라면 나란히 앉았을 때
어깨의 사이가 20cm 이내라면 상당히 친하다

자세 방향
자세의 움직임이 똑같은 경우가 많으면 친한 관계

다리를 교차시키는 방식
발끝이 서로의 방향으로 향해 있다면 친밀

신체 접촉
어깨와 등이라면 약간 친밀
배나 허벅지라면 상당히 친밀

★ 신체 접촉

껴안거나 어깨를 감싸거나 팔짱을 끼거나 손을 잡는 사이는 매우 친한 관계임은 말할 필요도 없다. 그 정도까지는 아니더라도 '가볍게 친다, 때때로 접촉한다'라는 동작이 많은 쪽이 사이가 좋다. 상대에게 접촉하는 장소가 손목에서 어깨까지의 사이면 특별한 의식 없이도 자주하는 일상적인 신체 접촉이다. 어깨와 등이라면 약간 친밀한 관계, 배나 허벅지라면 상당히 친밀한 증거다.

이상으로 든 친밀도의 지표는 많은 사람을 대상으로 한 관찰 결과이다. 당신을 포함한 몇 사람의 그룹 등에서도 거의 공통되기 때문에 널리 응용할 수 있다.

상대의 심리를 읽는 기술 ·제3판·

초판 1쇄 발행 2010년 9월 15일
초판 5쇄 발행 2013년 3월 28일
 2판 1쇄 발행 2015년 4월 10일
 3판 1쇄 발행 2018년 2월 2일

지은이 시부야 쇼조
옮긴이 은영미

펴낸이 김연홍
펴낸곳 아라크네

출판등록 1999년 10월 12일 제2-2945호
주소 서울시 마포구 성미산로 187 아라크네빌딩 5층(연남동)
전화 02-334-3887 **팩스** 02-334-2068

ISBN 979-11-5774-592-0 13180

※ 잘못된 책은 바꾸어 드립니다.
※ 값은 뒤표지에 있습니다.